UNE

CAMPAGNE CRIMINELLE

AVORTEMENT

ET

NÉOMALTHUSIANISME

PAR

J. LEROY-ALLAIS

PARIS

MALOINE, ÉDITEUR

25-27, RUE DE L'ÉCOLE-DE-MÉDECINE, 25-27

—

1909

AVORTEMENT

ET

NÉOMALTHUSIANISME

OUVRAGES DU MÊME AUTEUR

Les Droits de l'enfant (étude sociale couronnée par l'Académie des Sciences morales et politiques et l'Académie de Médecine).

Le Rôle des Mères dans l'éducation de leurs fils au point de vue de la morale (brochure de 16 pages).

Comment j'ai instruit mes filles des choses de la maternité (brochure de 125 pages).

Le plaisir d'aimer (roman psychologique).

POUR LA FAMILLE

Marie-Rose au couvent.

Ames vaillantes (couronné par l'Académie française).

Le roman d'Arlette.

La Chaumière aux Ravenelles.

Drichette.

Histoire d'un honnête garçon (médaille d'honneur de la Société d'Encouragement au Bien).

LIVRES-ALBUMS

Chez les Bêtes (illustration de B. Rabier).

L'Enfant à travers les âges.

AVANT-PROPOS

Le sujet est trop complexe et trop vaste pour que nous tentions de le traiter ici dans son ensemble; nous l'étudierons surtout au point de vue de la propagande faite auprès de la jeunesse et dans la classe ouvrière, — propagande qui, en intensité et en ignominie, dépasse tout ce que l'on peut imaginer.

Il y a déjà plusieurs années que le hasard m'amena à m'occuper de cette double question; je la jugeai tout de suite redoutable. Quand j'eus réuni un dossier suffisant, fait d'observations personnelles, de renseignements puisés ici et là, de brochures nombreuses, voire même d'instruments et ustensiles de nature toute spéciale et *mis à la portée du public*, je soumis cette belle collection à des personnes compétentes qui, après examen attentif, me conseillèrent d'en tirer une brochure de vulgarisation.

J'hésitai longtemps : la tâche me semblait extrêmement difficile et délicate. Mais je voyais le péril si grand que je finis par me décider.

Puisqu'aussi bien les apôtres de l'avortement et du néomalthusianisme ne craignaient pas de s'adresser au public — et, qui pis est, au jeune public — de toutes les classes de la société, on ne pourrait s'étonner de voir ce même public appelé à examiner de plus près ces doctrines malfaisantes, et à les juger d'après leurs résultats.

LE MAL

I

L'AVORTEMENT

En octobre 1907, M. le Dr Drouineau, alors Inspecteur général de l'Assistance publique, présentait à la *Ligue contre la mortalité infantile* un rapport très documenté qui débutait ainsi :

« *La Ligue contre la mortalité infantile* ne saurait borner son action salutaire à la seule préservation de la vie et de la santé des enfants. Elle doit aussi, comme le législateur, comme l'homme d'affaires, penser aux enfants à naître. Nous ne sortons donc pas du cercle de nos attributions, en nous occupant aujourd'hui d'une question des plus difficiles mais aussi des plus urgentes, je veux parler de l'avortement.

« Je ne m'attarderai pas à développer les raisons, les arguments de fait et de droit qui font de l'avortement une question importante au point de vue médical, criminel et social; dans notre milieu, les convictions sont déjà faites. Il s'agit bien plutôt, chose grave et terrifiante, de lutter contre cette dépravation mentale qui envahit, à la façon d'une épidémie, les esprits actuels et les pousse à accepter sans scrupules, la destruction de l'œuvre de la nature; par conséquent, défendre et sauver les victimes, punir et traquer les fauteurs de ces actes criminels. »

M. le docteur Drouineau a raison ; c'est bien une épidémie qui paraît sévir — épidémie dont l'intensité croissante a de quoi effrayer les moins pessimistes.

Les chirurgiens des hôpitaux ont été les premiers à jeter le cri d'alarme. D'après eux, à Boucicaut, à Tenon, à Beaujon, à Lariboisière, à Saint-Antoine, les cas d'avortement ont triplé en moins de sept ans.

M. le docteur Doléris estime que près de la moitié des fausses couches que l'on soigne dans les Maternités sont provoquées criminellement soit par les femmes elles-mêmes, soit par des aides. Il se plaint de ce que les médecins deviennent, bien malgré eux, les complices des malfaiteurs des deux sexes qui pratiquent l'avortement ; et il demande que l'admission aux hôpitaux des femmes en période abortive soit sévèrement réglementée.

M. le docteur Championnière affirme que la proportion des avortements est beaucoup plus considérable que ne le pensent les accoucheurs, car on en observe un grand nombre dans les services de chirurgie. En deux mois, lui seul, en a eu vingt-trois.

M. le docteur Mauclaire dit de même : « Dans un service de chirurgie dont j'ai eu dernièrement la charge, sur cinquante femmes environ qui s'y trouvaient, vingt étaient là pour avortement criminel. Il est sérieusement question de créer des services spéciaux pour cette catégorie de malades ». (Société d'obstétrique, 11 mars 1907.)

Dans les *Annales de la société obstétricale de France*, (1902) M. le docteur Maygrier écrit : « La fréquence de l'avortement criminel est impossible à établir d'une façon précise. Si, comme le dit M. le docteur Brouardel, « il y a « chaque année, en France, de vingt à trente affaires d'avor- « tement jugées par les cours d'assises, ce nombre relative- « ment peu élevé est bien loin de représenter celui des « avortements pratiqués. En vérité, c'est par milliers qu'il

« faudrait le chiffrer. » L'avortement criminel est une véritable plaie sociale et l'une des principales causes de la dépopulation. Mais trop d'inconnues empêchent de dresser utilement la statistique d'un crime qu'il est si facile de dissimuler. »

Les docteurs Bonnaire, Delbet, Pinard, Porak, Siredey et bien d'autres font, sur le même sujet, des révélations analogues.

Mais il y a mieux. A la Société d'Obstétrique qui, depuis quelque temps, suit avec un intérêt plein d'inquiétude, la marche croissante du mal, M. le docteur Pinard a fait cette stupéfiante déclaration : « J'ai vu successivement sept jeunes femmes n'ayant pas d'enfant qui s'étaient assurées à une compagnie étrangère. Périodiquement, un médecin leur était envoyé pour les constatations et vérifications nécessaires. »

Et aussi, je suppose pour les opérations rendues obligatoires par l'imprudence ou la maladresse.

Que l'on ne s'étonne pas de voir intervenir une compagnie d'assurances en pareille matière. Il y a quelques années la *Ligue contre la mortalité infantile* découvrit et dénonça un mode d'assurances plus révoltant encore. Des nourrices de la campagne s'assuraient, moyennant une somme modique, contre la mort des enfants qui leur étaient confiés. Puis, afin de toucher la prime, elles laissaient les pauvres petits mourir faute de soins.

Les sages-femmes, naturellement, tiennent la tête parmi celles qu'on nomme, avec une sincérité brutale, les « matrones de la mort » ou, avec une effroyable ironie, les « faiseuses d'anges ». Plusieurs sont connues et ont une clientèle assidue et nombreuse.

Les chirurgiens des hôpitaux constatent que certains noms reviennent souvent dans les déclarations de patientes qui réclament leurs soins. M. le docteur Siredey déclare qu'en un seul mois, six malades sont venues dans son service pour les suites d'un avortement provoqué par la même sage-femme — ce qui, entre parenthèses, ne constitue pas, pour la mégère, un brevet d'habileté et de soin.

J'ai connu parfaitement, à des époques différentes, deux sages-femmes qui pratiquaient, d'une façon courante, leur coupable et lucrative industrie. Elles m'avaient été décelées par des clientes elles-mêmes avec lesquelles j'étais en relations mondaines. Je ne sais quel mobile les avait poussées à me faire cette confidence et surtout à me nommer quelques-unes de leurs compagnes en avortement. Elles savaient pourtant bien qu'elles n'auraient ni mon approbation ni ma sympathie. Ces jeunes femmes formaient deux groupes distincts qui s'ignoraient l'un l'autre, mais qui avaient de commun les points suivants :

1° Leur ménage était de ceux où, suivant l'expression admise, *chacun va de son côté;* — 2° Toutes portaient des noms connus, de ces noms que l'on voit souvent imprimés.

Cette dernière circonstance assurait contre toute poursuite — et elles le savaient parfaitement — les « faiseuses d'anges » et le reste de leur clientèle. En effet on arrête bien, pour crime d'avortement, des domestiques, des ouvrières, de petites commerçantes, mais jamais de « belles madames. »

Certaines matrones poussent le zèle jusqu'à pratiquer des opérations qu'on ne leur réclame pas. Le fait suivant, très véridique, m'a été raconté par un accoucheur des hôpitaux.

Une jeune fille, presque une enfant, bonne à tout faire en maison bourgeoise, est envoyée à la sage-femme par des camarades du sixième. Il s'agit d'un simple accident de santé causé par l'anémie dont sont atteintes presque toutes les nouvelles débarquées de la campagne, mais les voisines à qui elle se confie, croient à tout autre chose. Alors, de très bonne foi, et croyant sans doute lui rendre service, elles lui donnent l'adresse d'une personne « qui la débarrassera. » Ignorante et intimidée, la fillette s'explique mal ou l'on n'ajoute pas foi à ses protestations de sagesse; toujours est-il que, sans plus d'examen, l'odieuse mégère procède à l'opération et que trois jours après, la gamine était morte. Or, l'autopsie révéla que non seulement elle n'était pas enceinte, mais encore qu'elle était vierge.

Si, par bonheur, il est exceptionnel que des jeunes filles absolument sages soient victimes des « matrones de la mort » il n'est pas rare que des femmes, sur un simple soupçon, aillent trouver l'avorteuse dont l'intervention, d'ailleurs inutile, leur est funeste. Les chirurgiens des hôpitaux le constatent chaque jour.

De ce qui précède, il ne faut pas conclure que toutes les sages-femmes ou même la majorité des sages-femmes se livrent à l'abominable métier de « faiseuses d'anges. » Non, certes ! beaucoup d'entre elles sont de braves et honnêtes personnes dont les services sont appréciés à leur valeur par le corps médical et par le public. Loin de se froisser de la campagne entreprise, celles-ci seraient enchantées que l'on débarrassât la corporation des gredines qui la déshonorent.

Celles-ci, d'ailleurs, se dénoncent d'elles-mêmes avec un incroyable cynisme, par la publicité qu'elles font dans les journaux. Les quotidiens, en effet, même ceux qui prétendent à l'honnêteté, prêtent leurs colonnes à des annonces tellement claires que les moins avertis ne peuvent s'y tromper. Les mots magiques « retard, discrétion » accolés à celui de « sage-femme » s'y trouvent comme une promesse et un encouragement pour les personnes dans l'embarras. Je cite au hasard :

RETARD. — Renseignements gratis par sage-femme.

RETARD. — Consultations par sage-femme tous les jours, à toute heure, dimanches et fêtes.

RETARD. — Consultations par sage-femme. — Prix modérés. — Discrétion absolue.

Sage-femme. — Consultations de 9 heures du matin à 7 heures du soir. — Spécialité pour retards et suppressions. — Discrétion absolue. .

Retard. — Méthode nouvelle. — Renseignements gratuits. — Écrire ou voir Madame X...

Quelquefois, pour inspirer plus de confiance, on ajoute que la sage-femme est de 1re classe, qu'elle a servi dans les hôpitaux ou qu'elle est lauréate de quelque société savante. Ou bien encore, on affirme que le succès est garanti, *quelle que soit la cause et la durée du retard*. Pour entraîner les méfiantes et les indécises, on ajoute : *Payement après résultat*.

D'autres avantages sont offerts à la clientèle. C'est ainsi que les praticiennes prennent soin d'avertir les dames qu'elles habitent tout près de telle gare, afin que le monde de la province puisse venir entre deux trains, ou encore à deux pas de tel grand magasin, ce qui est on ne peut plus commode pour établir un alibi sérieux. Exemples :

Sage-femme 1re classe des hôpitaux. — Traite par correspondance. — Reçoit pensionnaires. — Place enfants. — Prix modérés. — Discrétion absolue. — Retard et suppression.

Sage-femme 1re classe. — Élève de la Maternité de Paris. — Reçoit pensionnaires à toute époque. — Maison discrète. — Place enfants. — Méthode infaillible pour retards. — English spoken. — Man spricht deutsch.

Sage-femme 1re classe. — Médaillée de la Maternité de Paris. — Consultations de 9 heures à 6 heures. — Discrétion absolue. — A deux pas des magasins du Louvre.

Retard. — Payement après résultat. — Succès garanti dans tous les cas. — Renseignements gratuits. — Discrétion.

Sage-femme 1re classe. — Lauréate des hôpitaux. — Consultations de 9 heures à 6 heures. — Retards, traitement infaillible. — Gares Nord-Est.

Madame. — Le remède pour tout retard, approuvé par l'École de pharmacie, se trouve chez Madame X..., spécialiste. — Discrétion. — Ne pas confondre avec d'autres cartes.

La réclame prend parfois des allures philanthropiques, telles les suivantes :

UNE DAME, par humanité offre de faire connaître gratuitement ce qui lui a réussi dans un cas persistant de RETARD.

PAR HUMANITÉ. — J'offre gratuitement de faire connaître la seule recette qui m'ait donné satisfaction dans un cas persistant de RETARD.

Enfin, voici une annonce qui ne laisse rien à désirer comme précision de détails. Il faut vraiment mettre de la mauvaise volonté pour ne pas s'y reconnaître.

ASSOCIATION DE SAGES-FEMMES SPÉCIALISTES. — Suppression des *retards* par le traitement magique des accoucheuses. — Médailles d'Or et d'Argent ; Croix de Mérite, Exposition de 1900. — Brochure explicative gratuite. — N'essayez rien sans l'avoir lue. — Au centre de Paris, entre les gares de L., O., et V. Par le Métropolitain, descendre à L. ou à B. Communications directes par omnibus, autobus, tramways pour toutes les gares desservant la banlieue et la province (Gares S.-L., de l'E., de M., etc.). Téléphoniquement, notre secrétariat est relié à toutes les lignes de Paris, la banlieue et la province.

Un seul numéro de journal pris au hasard contenait quarante-deux de ces annonces. Je les ai transcrites simplement, sans souci de la très habile disposition qui en fait valoir les parties importantes et en aggravent singulièrement la portée.

Mais, si les sages-femmes sont, de par leur profession même, les principales coupables, elles ne sont pas les seules coupables.

A côté d'elles, on trouve les herboristes dont les breuvages, les drogues de toute espèce, voire même les ustensiles de nature spéciale, sont mis à la disposition du public avec la manière de s'en servir.

Il y a les professionnels des deux sexes, sans titres ni diplôme qui, Dieu sait après combien d'écoles désastreuses !

ont acquis une certaine expérience, un certain tour de main dont ils tirent de bons profits tout en rendant service à l'humanité dans l'embarras. Des scandales récents nous ont révélé l'existence d'officines où se perpètre la besogne abominable.

Il y a encore l'enseignement mutuel de l'atelier, du lavoir et de l'étage des domestiques fertile en recettes précieuses.

Enfin, grâce aux annonces des journaux, on peut se procurer des indications qui permettent de se passer de tout le monde, ce qui est, à la fois, plus commode et plus sûr. Drogues, ingrédients, ustensiles sont à la portée de chacun avec assurance de succès. A signaler certains produits accompagnés de la mention hypocrite : « s'abstenir en cas de grossesse. » De cette façon, on croit se mettre à l'abri de toute attaque et de toute poursuite. S'il survient un accident, on peut répondre en effet : « Je vous avais prévenue. »

Veut-on un échantillon de cette publicité ? Je prends, au hasard dans un *seul* numéro de journal :

Pour tout RETARD OU SUPPRESSION, j'envoie notice gratuite. — Seule recette sérieuse et infaillible. — Payement après réussite.

RETARD et SUPPRESSION. — Aucun cas ne résiste aux... les seules infaillibles et sans danger, franco et discrètement contre 5 francs.

RETARD. — ... Nouvel appareil. — Résultat immédiat. — Opère à coup sûr et sans danger.

Granules ... pour RETARDS et SUPPRESSIONS quelle qu'en soit la cause. La boîte 5 francs. X... pharmacien de 1re classe.

Pour tout RETARD, dans votre intérêt, Madame, écrivez-moi avant de rien essayer.

RETARD. — Les pilules ... sont les seules réellement efficaces et garanties sans danger. Avant tout autre essai, écrire à la pharmacie (*ici un qualificatif scientifique destiné à inspirer confiance au public*).

Pour la sûreté de ma documentation, j'ai écrit à cinq des adresses indiquées. Les réponses que j'ai reçues ne peuvent laisser aucun doute : les officines en question sont bien des officines d'avortement. Rien que par les promesses de succès et les affirmations d'innocuité, leurs prospectus sont une excitation très dangereuse à ce que l'on est bien forcé de nommer « crime » puisque la Justice le poursuit comme tel.

Les détails les plus minutieux sont donnés à la clientèle sur le mode d'emploi, la manière dont le résultat se produit, etc., etc. Le nom de certaines spécialités constitue, à lui seul, un aveu. La terminaison *cide* fréquemment employée, indique bien l'intention de *tuer*. Ce n'est pas l'*infanticide*, mais guère moins.

Voici quelques extraits de cette littérature :

TRAITEMENT ÉNERGIQUE. JAMAIS D'INSUCCÈS. — Madame, si vous avez un retard ou une suppression vous serez remise en *état en quelques jours* en employant les COMPRIMÉS ... Préparation énergique et sans danger. Le résultat est absolument certain. Ce remède est dix fois plus actif que tous les produits similaires, tout en étant plus rapide, il a toujours donné entière satisfaction aux nombreuses personnes qui l'ont employé. Sans aucun danger pour la santé.

« Les COMPRIMÉS ... sont très faciles à prendre ; ils ne sont pas nuisibles à l'estomac et réussissent dans les cas où dragées, pilules, capsules et autres traitements analogues sont restés sans résultat. Refuser toutes contrefaçons. *Se méfier des produits bon marché.* »

« Notre traitement est le plus actif des spécifiques employés jusqu'à ce jour pour combattre la suppression *quelles qu'en soient la durée et la cause.* Ce traitement *radical* peut être supporté par les tempéraments les plus délicats. Il réussit merveilleusement là où les emménagogues les plus vantés ont échoué. *C'est le remède le plus sérieux que nous puissions conseiller.* Le résultat étant généralement obtenu après un jour ou deux de traitement, n'absorber tous les globules qu'en cas d'insuccès. Nos globules par leur activité provoquent quelques coliques, ne s'en inquiéter nullement ; car quoique très actif, notre traitement est complètement inoffensif ; on peut le prendre en toute confiance et tout en vaquant à ses occupations habituelles. »

Ceci est pour les personnes très occupées ou très surveillées. Mais pour celles qui peuvent se déranger, il y a mieux.

« Nous conseillons aux dames pouvant le faire, de *venir nous voir* ; on évite toujours ainsi une perte de temps et d'argent, car nous renseignons *verbalement* de façon à donner immédiatement satisfaction complète *en toute circonstance* ; chose que l'on ne peut faire qu'*en voyant* la patiente et en connaissant exactement son tempérament.

« *Vous avez donc tout intérêt à venir.*

« Notre organisation unique présente toutes garanties de succès et de sécurité à tous points de vue ; notre association ne comprenant que d'habiles praticiennes opérant sous la direction d'une sage-femme en chef, diplômée de 1re classe, plusieurs fois lauréate et médaillée des Facultés et ayant dix années de clinique médicale.

« *Vous avez donc tout intérêt à venir. Si vous ne pouvez pas, téléphonez-nous en demandant le...*

Impossible de dire plus clairement : « Si vous pouvez vous déranger, n'hésitez pas, l'opération est immédiate. Sinon, appelez-nous, on se rend à domicile. Ces deux manières vous sont-elles impossibles ? il vous reste la ressource de notre spécialité qui, ainsi que nous vous l'avons dit, est infaillible et sans danger.

« Madame, lisez bien ceci dans votre intérêt :

« Depuis quelque temps il se crée à Paris des entreprises commerciales à la tête desquelles sont des libraires, imprimeurs et marchands d'accessoires. Ces gens se mettent à couvert, quant à la loi, en prenant un homme de paille pharmacien dont le nom les met à l'abri de toutes poursuites. Nous mettons en garde les personnes intéressées contre ces entreprises peu honnêtes qui n'ont absolument rien de scientifique.

« Tenez bien compte également de ceci :

« 1° Les herboristes et sages-femmes n'ont aucune compétence pour conseiller un produit pharmaceutique et ils n'en ont pas le droit. (*Nos spécialistes n'agissent que d'après les conseils de notre chimiste et de notre pharmacien préparateur.*)

« 2° Tout ce qui vous est conseillé comme accessoires de phar-

macie ou de médecine et instruments de chirurgie (*ici une nomen-
clature qu'il est impossible de reproduire*) ne peut être employé
que par une personne compétente (médecin ou accoucheuse) et
c'est folie que d'essayer d'utiliser ces objets qui ne peuvent que
blesser dangereusement la personne qui n'a aucune notion d'anatomie et qui s'en sert inexpertement. »

Conclusion : Ne prenez pas d'autres abortifs que les nôtres,
ne vous faites pas avorter ailleurs que chez nous.

« Le *retard*, la *suspension* ou la *suppression* constitue dans la vie
de la femme, un trouble d'autant plus inquiétant qu'un commencement de grossesse coïncide souvent avec cette anomalie. C'est
ainsi que, pour ne pas compromettre une réputation si facile à
entacher, dans beaucoup de petits pays, certaines femmes laissent
empirer un état contre lequel il serait au début si facile de lutter.

« L'envoi de notre traitement est discret, et comme il n'est pas
fait pour lui de réclame au public, son nom n'est connu que des
personnes qui en ont déjà fait usage. Le pharmacien qui le prépare, n'étale pas son nom dans les journaux, en lettres de gran-
deur démesurée, il ne compromet en rien les personnes qui ont
recours à lui.

« En plus de la discrétion qui accompagne son envoi, *notre
traitement est le remède le plus actif, réussissant dans tous les cas
où les autres produits ont complètement échoué.* C'est le seul sur
l'effet duquel on puisse compter pour remettre, *en huit jours*, le
bon ordre dans tous les organes de la femme. Il est, en plus, complètement sans danger ».

« Il y a deux sortes d'aménorrhée. La première est due à une
influence ou climatérique ou morale ou à une maladie. La seconde
est l'indice d'un état de grossesse.

« L'office ... a confié à un chimiste éminent le soin de fabri-
quer un produit dont l'emploi *discret et sans danger,* met fin à cet
état de choses.

« Il a été établi deux traitements.

« Le traitement n° 1 pour les retards de 15 à 20 jours. Prix :
8 francs.

« Le traitement n° 2 pour les retards persistants. Prix : 15 francs.

« Ces traitements, très énergiques, ne doivent en aucun cas être pris quand il y a présomption de grossesse, car *ils provoqueraient infailliblement une fausse couche.* »

On ne saurait être plus précis. Pour mettre des enfants au monde quand on n'en a pas envie, il faut vraiment n'avoir pas la petite somme variant de cinq à quarante francs exigée par les spécialistes. Car les notices et les renseignements sont gratuits, mais non pas les drogues.

Les clientes, d'ailleurs, ne sont pas chiches de remercîments, ainsi qu'en témoigne ce lot de lettres très suggestives copiées au hasard parmi beaucoup d'autres.

« Monsieur, j'ai l'avantage de vous faire savoir que votre remède a produit en moi tous ses effets. Deux jours à peine ont suffi pour dissiper mes angoisses. Je vous en remercie du fond du cœur. »

« Monsieur, je n'ai que des compliments et des remercîments à vous faire pour l'excellente méthode que vous m'avez conseillée. Votre remède est appelé à soulager du plus grand poids la moitié de l'humanité, l'autre moitié ne s'en plaindra pas. »

« Monsieur, ma fille âgée de dix-huit ans, ayant eu le malheur de se laisser surprendre, je n'hésitai pas à lui faire prendre votre remède. *Le résultat est obtenu.* Soyez-en éternellement remercié. »

« Monsieur, votre remède m'a sauvée, il a mis fin à ce retard prolongé qui me causait de si cruelles angoisses. Avec une telle recette, Monsieur, croyez que les femmes vous béniront. »

« Monsieur, votre remède m'a délivrée du plus grand malheur qui pouvait m'arriver. Sans lui, c'était la honte, la discussion au foyer, la haine, le divorce, le désespoir. Je n'ai pas besoin de vous expliquer davantage pourquoi vous avez droit à mon éternelle reconnaissance. »

Trois des envois étaient relatifs à des instruments dont il est impossible de donner même le nom, mais que les chirurgiens auxquels je les ai soumis n'ont pas hésité à déclarer « propres à l'avortement » et de ceux dont la vente constitue un délit prévu par l'article 317 du code criminel.

Voici d'ailleurs quelques explications ne laissant aucun doute sur la nature du but poursuivi.

Le (*ici le nom de l'instrument*) en aluminium pur, breveté s. g. d. g. Procédé nouveau de préservation infaillible contre la conception.

Approuvé et recommandé par tout le corps médical.

Exposition internationale, section d'hygiène.

Médaille d'or, Grand Palais, 1905. Diplôme d'honneur; Jardin des Tuileries, 1906.

« Madame,

« Depuis quelque temps, nous constatons avec beaucoup de tristesse, que les lanceurs de méthodes soi-disant infaillibles contre les retards et les suppressions, vont se multipliant de jour en jour. Nous venons ici mettre en garde les personnes intéressées, contre ces entreprises peu honnêtes qui n'ont absolument rien de scientifique que le but de spéculer sur leur crédulité. Chaque jour, nous recevons de ces malheureuses qui, pour n'avoir pas osé dès le début nous confier leurs petites misères, se repentaient par la suite d'avoir écouté les affirmations par trop mensongères de quelques peu scrupuleux commerçants.

« Nous sommes heureux et nous nous flattons d'*avoir rendu à des quantités de dames leur quiétude* en leur faisant connaître notre merveilleuse méthode, la seule efficace, la seule qui soit rapide et sans danger.

« Toutefois, Madame, nous tenons à vous dire la vérité. Si vous êtes enceinte, n'employez pas notre méthode parce qu'elle provoquerait sûrement une fausse couche.

« Mais, nous direz-vous, si votre méthode est capable de provoquer une fausse couche, elle doit être dangereuse ? Notre méthode n'est pas le moins du monde dangereuse... »

Après avoir discuté et condamné le système des drogues abortives, le spécialiste conclut :

« L'action directe est la meilleure. Rien ne peut lui être comparé. Pour obtenir ce résultat, il fallait autrefois l'intervention d'une sage-femme, d'un docteur ou d'une personne amie. Depuis la découverte de notre instrument, la femme n'a besoin de personne... »

Trousse du docteur X...

« Cette trousse comprend deux appareils de gynécologie.

« Elle rend les plus grands services : 1° Par son efficacité absolue qui lui donne une supériorité manifeste sur les appareils similaires ; 2° par son maniement si facile que l'on peut l'employer sans le secours de personnes étrangères toujours trop nombreuses en *certaines circonstances ;* 3° par son aspect si peu révélateur qu'il faut absolument savoir à quoi on la destine pour se rendre compte de l'usage particulier que l'on en veut faire dans *certains cas.*

Suit un long et charitable discours sur la situation des femmes victimes de la réprobation injuste qui s'attache aux maternités illégitimes, puis la conclusion :

« Nous ne partageons pas ce préjugé ; nous nous efforcerons, au contraire, de faire connaître, à ces personnes vouées au désespoir, qu'il y a, dans la Trousse du docteur X..., un remède absolu et certain, *agissant toujours d'une façon radicale quel que soit le moment où on y a recours.* Et ce remède est efficace, pratique et surtout discret. Dans ces *situations intéressantes,* la discrétion est la première qualité à demander à un traitement...

« Il s'agissait donc d'offrir à la femme un appareil très simple, d'un maniement facile, lui permettant d'agir *seule.*

« En provoquant à nouveau le bon fonctionnement périodique des organes et en amenant le retour des symptômes, indice de l'état normal, la Trousse du docteur X... a été la consolation bienfaisante d'un grand nombre de dames et de demoiselles éplorées. »

Le troisième instrument se rapproche sensiblement des deux autres, mais l'expédition est pleine de sollicitude et d'empressement.

« Pour éviter tout retard préjudiciable, nous croyons de notre devoir de vous expédier immédiatement notre appareil dont vous voudrez bien faire usage aussitôt que vous l'aurez reçu.

« Cet envoi vous est fait contre remboursement de 30 fr. 75 c., et vous voudrez bien lui réserver bon accueil.

« Vous nous obligerez en nous annonçant le résultat dès qu'il se sera produit, c'est-à-dire dans trois ou quatre jours...

« En attendant le plaisir de vous lire, etc... »

J'avais écrit cinq lettres, j'ai reçu sept réponses dont deux commençant ainsi :

« Un de mes amis nous donne confidentiellement votre adresse... »

Ceci pour l'édification des personnes qui croient aux promesses des « marchands de mort. »

« Les lettres de nos clientes sont toutes détruites, à moins qu'elles ne préfèrent qu'on les leur retourne, ce qui est fait immédiatement ».

Oui, après qu'elles ont été photographiées et que le personnel assez nombreux (car ces sortes de maisons font beaucoup d'affaires) en a fait part à ses amis et connaissances, ainsi qu'aux agences rivales qui offrent une remise suffisante.

Mais les protagonistes de l'avortement ne se contentent pas d'indiquer et de fournir aux femmes dans l'embarras les moyens d'éviter « la catastrophe », ils mettent à la portée du public, les éléments d'une instruction générale destinée à l'éclairer sur la question. De nombreux ouvrages sur ce sujet sont offerts à la curiosité de tous. On comprendra sans peine que nous n'en donnions pas les titres, mais voici à titre de document la *présentation* et l'*Extrait de la table des matières* de l'un d'eux qui est très répandu.

« Peu de questions passionnent autant le public que celles relatives à l'avortement. Nous espérons donc être à la fois utiles et agréables en présentant un ouvrage spécial très documenté sur la matière.

« *Nous croyons également être utiles aux malheureuses qu'ont flétries aux yeux de la société de coupables séductions, ainsi qu'aux familles éplorées qu'aveuglent souvent la honte et le désespoir.* Et quand le calme aura fait place à l'affolement, de tous les cœurs s'élèvera pour nous un généreux sentiment de reconnais-sance.

« C'est dans cette conviction, ainsi qu'avec le sentiment du devoir accompli que nous offrons au corps médical et au public, l'ouvrage que tout le monde consultera avec grand profit et satis-faction.

« Tous nos envois sont faits avec soin et à l'abri des indis-crétions.

EXTRAIT DE LA TABLE DES MATIÈRES

Des moyens indirects employés pour préparer ou produire l'avortement. Des substances abortives nécessaires. Procédés opératoires. Avortement médical. Précautions à prendre. Comment opèrent les médecins. Médication abortive. Topiques locaux. Les emménagogues. Des moyens directs employés pour produire l'avortement. La trousse opératoire. Accidents. Soins à donner. Infection puerpérale. Quelques causes célèbres. Panégyrique éloquent. Une critique. Des réserves. Moyen très usuel. Avantages et inconvénients. Des exemples. Moyen fin de siècle. Avantages exceptionnels. Des effets immédiats et consécutifs des manœuvres. Signes de la grossesse, etc., etc.

Nous ne donnons qu'un extrait de cet EXTRAIT qui, à lui seul fournit des indications suffisantes pour les intéressés.

Cet OUVRAGE SENSATIONNEL, ainsi l'annonce le prospectus, a une vague allure scientifique. Il se vend 12 francs.

Mais, objectera-t-on, cette littérature n'est accessible qu'à un très petit nombre et par conséquent ne fait que des ravages restreints.

Erreur. Les « marchands de mort » font pour leurs produits criminels une publicité très étendue, très habile qui menace tous les foyers.

En veut-on une preuve ?

Il y a quelque temps, la clientèle d'une petite feuille ménagère recevait, sous forme d'encartage ou de prime, un numéro de périodique lequel, d'après son titre, a la prétention d'être un *rénovateur moral.* Or, voici, dans toute sa beauté, l'annonce contenue dans cet organe soi-disant moralisateur. Afin d'être sûr qu'elle ne passerait pas inaperçue, on l'avait composée en deux parties différentes d'aspect, mais toutes deux posées en bonne place, et tirant bien le regard.

RETARDS. Le bonheur des dames et des demoiselles par elles-mêmes.

Mesdames, sauvez l'honneur ! ! !

La guerre, la délivrance, plus de trouble à cause des retards. Désormais, la femme sera son maître, son docteur par la bienheureuse méthode de M. le docteur X... Le résultat est certain, il a fait ses preuves : infaillible, *hygiénique, antiseptique,* non médicamenteux, en rien nuisible à la santé générale de la femme. Il n'y a rien à boire. Demandez la manière remédiable à tous retards. Discrétion absolue.

La seconde partie est destinée aux âmes crédules qui s'imaginent que l'avortement est un péché. Du moment où les religieuses et les Révérends Pères s'en mêlent, leurs scrupules seront levés.

Le bonheur des dames
RETARDS

Avis aux dames et aux jeunes filles
DRAGÉES BIENVEILLANTES

Composition infaillible du Révérend Père Cyprien. Préparées par la pratiquante ex-sœur Sainte-Thérèse de Colmar, du cloître des Ursulines, fondé en 1537, *fournisseur de toutes les communautés.*

Pas d'insuccès, soulagement précieux pour les irrégularités, absences ou retards pour diverses causes (*sur ce point, discrétion absolue*).

La circulaire, mode d'emploi qui l'accompagne se trouve dans chaque boîte.

Envoi par la poste, recommandé contre timbres ou bon de poste de 4 fr. 75 centimes.

Écrire à M. X...
Conservez bien cette adresse.

Circonstance aggravante. La clientèle de la petite feuille ménagère qui recevait cet effroyable enseignement est composée exclusivement de femmes : institutrices, directrices de patronages, mères de famille, adolescentes, recrutées surtout dans la classe ouvrière et, pour un certain nombre, animées de sentiments religieux. Imagine-t-on le trouble qu'a pu jeter dans des esprits naïfs ce mélange d'hygiène, d'antisepsie, d'honneur sauvé, de fourniture congréganiste, tout cela sanctionné par le père Cyprien et la sœur Sainte-Thérèse ? N'est-il pas odieux de surprendre ainsi les âmes croyantes, en couvrant du voile de la religion, d'aussi abominables doctrines ?

Le fait est que, à l'heure actuelle, l'avortement est une industrie avérée, reconnue, avec ses réclames, ses catalogues, ses bureaux, ses magasins et ses étalages sur la voie publique.

L'idée même que l'on s'en fait a changé du tout au tout. Autrefois, — un autrefois qui n'est pas très éloigné, — outre que l'avortement était infiniment moins répandu, celles qui en faisaient usage s'en cachaient avec soin. Dans le peuple, il y avait quelques formules toutes prêtes pour expliquer et légitimer l'accident. C'était en « accrochant leur ciel de lit » ou bien en « glissant dans les escaliers. » Maintenant si les femmes ne s'en vantent pas, c'est tout juste.

Amenées à l'hôpital pour les suites malheureuses d'un avortement, elles nomment carrément la sage-femme ou la commère qui a pratiqué l'opération.

Une vieille matelassière m'a révélé que c'est elle qui « débarrasse » ses trois filles, mariées et déjà mères de plusieurs enfants. Elle concluait de la meilleure foi du monde :

— Comme cela, n'est-ce pas, je suis tranquille..., il arrive tant d'accidents !...

Pour beaucoup de personnes, en effet, le crime d'avortement n'est constitué que par le péril qu'il fait courir aux patientes.

Des sages-femmes et des médecins m'ont affirmé que des femmes de toute condition venaient sans le moindre embarras, leur demander de les « opérer. » Elles donnaient pour raisons qu'elles avaient déjà trop d'enfants ou bien qu'elles n'en voulaient pas du tout parce que cela les empêchait d'exercer leur métier. Elles étaient domestiques, employées, fonctionnaires. Nombreuses sont celles qui disaient simplement : « Je suis cocotte. »

Celles qui se cachent quelque peu sont poussées moins par un reste de pudeur qué par la crainte d'un seigneur et maître qui n'est pour rien dans l'accident.

Les femmes du monde qui se trouvent dans ce cas, — et elles sont beaucoup plus nombreuses qu'on ne se l'imagine, — se rendent dans les quartiers ouvriers où elles se croient sûres de ne rencontrer personne de connaissance, et elles se donnent comme femmes de chambre. Mais un simple coup d'œil suffit à découvrir leur supercherie : le soin, la netteté irréprochable des dessous, le poli des ongles, les gestes, le langage sont autant d'indices révélateurs auxquels elles n'avaient pas songé.

Celles-ci, du reste, pas plus que les autres, n'éprouvent de confusion à exposer leur requête. Et elles sont également étonnées de l'accueil qu'elles reçoivent parfois et du refus que leur opposent les praticiens et les praticiennes honnêtes.

Dans une séance de la Société d'Obstétrique, le docteur Mauclaire signale cet état d'esprit nouveau qui se répand de plus en plus. « Les femmes, dit-il, ne cherchent même pas à dissimuler leurs tentatives d'avortement ; et cela dans la clientèle de ville comme dans la clientèle d'hôpital. »

Quoi d'étonnant à cela ? Elles se trouvent encouragées par tout un genre de littérature à la mode « Le droit de la chair », — « la grève des ventres », — « la femme n'est pas une machine à reproduire » et autres turlutaines malfaisantes sont proclamées chaque jour à grand renfort de phrases pompeuses et de mots sonores.

Au dernier Congrès d'Obstétrique, les chirurgiens ont constaté que « la multiplication de l'avortement dans les grandes villes est d'autant plus effrayante qu'elle trouve des défenseurs dans le roman, au théâtre, dans les conférences publiques et jusque dans des écrits de source médicale. »

Je ne parle pas des pornographes qui tous regardent l'enfant comme un fléau, en raison de l'obstacle qu'il met aux jouissances de l'amour, ni des simples arrivistes qui songent tout d'abord à tirer profit de leur plume, non ; mais des écrivains d'une certaine notoriété donnent dans les théories nouvelles, les exposent avec une conviction qui paraît sincère et ont la prétention de nous les faire accepter comme légitimes et humanitaires.

M. Victor Margueritte, entre autres, ne craint pas d'écrire : « Pour moi, je pense que le droit à l'avortement est *absolu*. Tant qu'un être n'a pas vu le jour, et n'existe que de la vie fœtale, il me semble faire partie intégrante de la chair qui le porte. Qui songerait à restreindre les droits de l'individu sur lui-même ? *Le droit à l'avortement m'apparaît comme l'un des pleins droits individuels.* »

A propos d'une affaire où la salamandre jouait un grand rôle, M. Harduin écrivait sur ce ton de tranquille philosophie qu'il avait adopté et qui donnait si bien le change aux esprits superficiels : « On a arrêté récemment une sage-femme accusée d'avoir supprimé, au moment où elle commençait à germer, de la graine de générations futures. C'est un acte puni par la loi. On ne sait pas bien pourquoi, du reste. Sans doute le législateur a estimé que, du fait de ces suppressions, la société subit un dommage, mais on ne saurait deviner lequel. Il est possible, au surplus, que la loi ait voulu assurer le droit de la vie à l'individu. Cependant comme, en l'espèce, l'individu n'existe pas encore, peut-être n'a-t-il pas ce droit. »

Lors d'un procès qui, dans son temps, fit grand bruit, histoire répugnante d'adultère et d'avortement qui mena devant les tribunaux des personnes très en vue, madame Séverine proclama nettement le droit à l'avortement. « L'avortement ! je voudrais bien qu'on me dise d'abord quand il commence ? Dès qu'un être a été lâché sur terre, dès qu'il a vagi son premier cri, il vit, il est sacré. Mais avant tout cela, il y a une femme, — et rien qu'une femme, vous m'entendez bien ! Cela est si juste qu'en cas d'accouchement difficile les médecins n'hésitent pas, ils sauvent la mère et laissent l'enfant dans le néant. On les étonnerait bien ceux-là en les traitant d'avorteurs ! »

Madame Séverine, volontairement ou involontairement, confond les cas. Entre l'interruption d'une grossesse qui met en danger la vie de la mère, et la suppression brutale d'un enfant parce que cet enfant dérange, pour une raison ou pour une autre, la femme qui l'a conçu, il y a tout un abîme.

On pourrait multiplier ces citations à l'infini. Des livres entiers, des pièces de théâtre sont l'apologie pure et simple de l'avortement que le public s'habitue à trouver légitime.

Les littérateurs dont il s'agit répondent avec une apparence de raison qu'ils sont, non la cause, mais seulement l'expression des mœurs actuelles. C'est tourner dans un cercle vicieux. Ils *expriment* des mœurs déjà existantes et, par là même contribuent à les répandre davantage en les montrant équitables et sympathiques.

Mais, ce que les protagonistes de l'avortement omettent de dire à leur clientèle, ce sont les dangers redoutables auxquels s'exposent les femmes qui les écoutent.

J'ai sous les yeux une brochure du docteur Maygrier, chirurgien à la Maternité. Cette brochure intitulée *Pronostic et traitement de l'avortement criminel* est pleine de renseignements précieux sur le sujet qui nous occupe.

Le docteur Maygrier, se basant sur sept années d'observation constate que si la mortalité pour fausses couches spontanées n'est que de 0,57 pour 100, elle est de 56,81 pour 100 en ce qui concerne les avortements criminels. Et il conclut :

« La raison de ce travail est de démontrer cliniquement, les dangers considérables auxquels les femmes peuvent s'exposer par le fait de manœuvres abortives. Sur 44 cas où j'ai dû intervenir, 25 femmes sont mortes, 19 seulement ont guéri.

« La provocation de l'avortement criminel n'a donc pas seulement des conséquences graves au point de vue de la dépopulation ; on ne saurait trop répandre que, bien loin d'être inoffensive pour les femmes, elle les expose à de sérieux accidents, que, souvent même, elle met leur vie en péril.

« La vulgarisation de ces dangers est un moyen auquel le médecin a le droit de recourir pour tenter de leur inspirer la crainte salutaire de ces manœuvres criminelles. »

M. le docteur Budin, après avoir constaté que l'avortement provoqué est cent fois plus dangereux que la fausse couche spontanée dit également : « Peut-être arriverait-on, en publiant ces chiffres et en les répandant dans le public, à donner à réfléchir aux femmes qui seraient tentées d'user de manœuvres abortives. »

Il n'y a pas de gynécologue ayant écrit sur la matière qui ne se soit longuement étendu sur les risques de l'avortement criminel.

Les citations ne sont pas faciles à faire à cause de détails où certaines pourraient trouver un enseignement dangereux, mais les statistiques n'offrent pas le même inconvénient ; or elles abondent et sont toutes également concluantes.

C'est ainsi que le docteur Patru (de Genève), rapporte que sur six cas où, malgré son intervention, les femmes succombèrent, cinq fois l'avortement avait été provoqué. Le docteur Demelin déclare que, ayant eu à intervenir pour manœuvres abortives, les cinq malades moururent. *Dans l'un des cas, il n'y avait point de grossesse.*

Mais voici un témoignage qui, pour n'être point médical, n'en est pas moins très précieux. C'est celui d'une femme de lettres, madame Camille Pert. Ce témoignage ne saurait être suspect puisque l'auteur est d'avis que, dans un nombre de cas, l'avortement est, non seulement excusable, mais encore légitime, voire même bienfaisant.

« J'estime, dit-elle, qu'en supprimant un germe aussi bien qu'un fœtus, on ne commet aucun crime envers l'enfant pas plus qu'en restant en état de virginité ce qui, en réalité, supprime tous les êtres auxquels on pourrait donner le jour. Mais j'estime que l'attentat est envers la femme ; car si l'on étudie sur la chose vivante, en observateur sincère et non en savant qui édicte les lois de son cabinet, on s'aperçoit que toute intervention compromet sa santé, son être tout entier.

« S'appuyant sur la théorie pure, des romanciers plaident le droit à la suppression de l'enfant dans certains cas physiologiques et ils préconisent l'avortement qu'ils déclarent une opération insignifiante et sans danger. Dans l'*Autel*, je ne contesterai pas ce droit. J'appuierai même sur le *crime* de mettre au monde des enfants tarés ou fatalement voués à la misère et au malheur ; mais je montrerai l'application pratique de ces doctrines de « cabinet » et les résultats qu'elles ne peuvent manquer d'amener, *étant donné qu'une femme n'est pas une machine que l'on peut démonter, priver d'un de ses rouages, sans qu'il en résulte un détraquement auquel le savant ne peut remédier.* »

Dans l'*Autel* dont parle madame Camille Pert, l'auteur

décrit avec les détails les plus minutieux, l'effroyable torture causée par les manœuvres abortives dont la triste héroïne est l'objet. Il est fâcheux que cette description, manifestement prise sur le vif, ne puisse être donnée en méditation à celles qui seraient tentées de l'imiter. Cela les ferait peut-être réfléchir.

Mais les femmes, en général, ignorent les dangers de l'avortement. Si, par hasard, elles ont connaissance d'une terminaison malheureuse, elles s'imaginent que c'est là un cas exceptionnel. Elles en connaissent tant qui se « débarrassent » sans accident ! tant qui ont périodiquement recours à la sage-femme et qui ne s'en portent pas plus mal !

Soit ! elles ne s'en portent pas plus mal jusqu'à ce que, blessées ou infectées à leur tour, elles échouent à l'hôpital où elles succombent.

Qui dit, d'ailleurs, que chez celles qui « ne s'en portent pas plus mal », les organes maltraités ne se détériorent pas sourdement, et qu'elles ne marchent pas tout droit à la table d'opération, à une mort prématurée, tout au moins à de longues et cruelles souffrances.

Les médecins constatent l'accroissement parallèle des maladies dites « des femmes » et des méthodes abortives et anti-conceptionnelles, et tous s'accordent à voir dans cet état de choses une relation de cause à effet.

Voici, sans commentaires, la motion du dernier Congrès d'obstétrique, relative à l'avortement.

« Vu les statistiques impressionnantes publiées sur la fréquence croissante de l'avortement, les enquêtes nombreuses et précises poursuivies par de nombreux gynécologues et corroborées par l'observation clinique des signes spéciaux, et l'aveu facilement obtenu d'un certain nombre de malades.

« La Société obstétricale de France réunie en Congrès international, adopte les conclusions suivantes :

« Dans l'avortement criminellement provoqué tel qu'il est observé, un fait est incontestable, la grande fréquence et l'extrême gravité des accidents consécutifs aux pratiques coupables, quelles que soient les précautions apportées à l'acte criminel et la technique employée.

« Les statistiques établissent que :

1° Dans la grande majorité des cas, de longues et sérieuses maladies locales s'ensuivent ;

2° Dans les deux tiers des cas environ, des affections très graves mettent la vie en péril, et occasionnent une incapacité de travail allant de plusieurs mois à plusieurs années, et une incapacité fonctionnelle définitive ; les survivantes restent infirmes ;

3° Dans six pour cent des cas, enfin, la mort qui respecte les accouchées normales à terme, suit immédiatement et à bref délai, les mesures abortives.

« Désireuse, en outre, d'apporter sa contribution à la préservation sociale contre un fléau qui, d'après les plus récentes statistiques des Maternités des grandes villes, détruit prématurément le tiers environ des produits de la conception, la Société obstétricale de France décide la constitution d'un Comité international permanent en vue de rechercher et d'étudier les mesures prophylactiques à proposer aux pouvoirs publics. »

LE NÉOMALTHUSIANISME

A côté du péril venant de la progression continuelle de l'avortement, il faut placer le péril non moins redoutable venant du néomalthusianisme.

Quand Malthus, par des calculs et des raisonnements dont l'exactitude est très contestable, affirmait :

1° Qu'une population trop dense est la principale source de misère pour l'humanité ;

2° Que les secours donnés aux malheureux de toute catégorie, loin de porter remède au mal, ne font que l'aggraver ;

3° Que les pires fléaux : épidémies, guerres, famine, et, au résumé, tout ce qui fait mourir l'homme avant le terme normal de la vie, ne sont que des moyens employés par la nature pour remettre les choses en état.

Il ne préconisait qu'une seule mesure préventive : la continence (1) autrement dit la chasteté chrétienne qui est le seul contrepoids légitime aux naissances trop nombreuses.

Le châtiment de ces doctrines cruelles fut d'être de tout temps mal comprises et mal appliquées.

D'abord, elles donnèrent lieu aux propositions les plus odieuses et les plus infâmes : suppression des hôpitaux et des asiles, interdiction du mariage aux pauvres, encourage-

(1) *Moral restraint.*

ment au libertinage et à l'avortement, mise à mort des nou-
veau-nés, etc.

Aujourd'hui, la secte qui s'autorise du nom de Malthus,
s'en tient à l'excitation à la débauche, mais nous verrons
par la suite qu'elle s'acquitte de sa tâche en conscience. Au
point de vue de la morale et de la santé publiques, le néomalthusianisme est peut-être plus funeste encore que l'avortement pur et simple.

Voici comment j'ai été amenée à m'occuper d'une manière
effective de la question néomalthusienne.

Une petite ouvrière que j'avais connue à l'une de nos
Maternités, vint, un jour, me conter que sa sœur, une gamine de quinze ans, lui causait de l'inquiétude. Elle était
mal portante et paraissait souffrir beaucoup ; mais surtout
elle était triste, sombre et parlait à tout instant de faire le
grand plongeon dans la Seine.

— On n'ose plus l'interroger, conclut la jeune femme, cela
l'exaspère. Si vous vouliez essayer, peut-être se confierait-
elle mieux à vous.

Ma première pensée fut pour une aventure amoureuse
avec ses conséquences naturelles ; mais l'ouvrière protesta.
« Non, ce n'était pas cela, elle en était bien sûre. Si ce
n'était que cela, on ne s'en ferait pas tant de bile. Dans le
monde ouvrier, l'abandon est relativement rare. Quand on
ne se marie pas avant, on se marie après et tout est dit. »

Il me fallut beaucoup de diplomatie — une diplomatie in-
dulgente et sympathique — pour faire parler la fillette.
L'aventure existait bien, mais sans les conséquences naturelles ; c'est là précisément que gisait le mal. Et en
l'écoutant, je songeais à la parole récente d'un de nos grands
gynécologues : « Les femmes ne meurent plus d'avoir des
enfants ; mais elles meurent de n'en plus avoir ».

— Où as-tu appris de pareilles abominations, ma pauvre
petite ? Chez toi, autour de toi, tout le monde est honnête.

Alors la fillette me raconta ces choses déplorables : à la fabrique où elle travaille, il y en a qui connaissent le moyen de ne pas « avoir de gosses » et elles l'enseignent volontiers aux autres. Pour quelques sous, on a de petites brochures contenant les instructions et les adresses nécessaires. Cela court les ateliers.

Certes ! ce n'était pas la première fois que je me trouvais en face du néomalthusianisme ; j'avais déjà été à même d'en apprécier les résultats funestes, mais je n'aurais jamais cru que ces théories malfaisantes atteignissent jusqu'aux enfants.

Dès le lendemain, je me mis en campagne. Je connais des manufacturiers dans notre voisinage, c'est à eux que je m'adressai. Sur ma demande, ils me mirent en rapport avec quelques-unes de leurs contremaîtresses et de leurs ouvrières ; et voici ce que j'appris :

Des conférencières étaient venues, il y avait déjà un certain temps, apporter la mauvaise parole. Elles s'adressaient à des groupements peu nombreux, et si leur enseignement n'était pas clandestin, du moins se gardait-on de le rendre tapageur.

Il n'était pas franc non plus. Rarement on l'abordait de front, on aimait mieux prendre le biais. Suivant les milieux et les auditoires, la causerie était anticléricale, socialiste, féministe ou pacifiste. Mais *toujours*, on y glissait des avertissements péremptoires contre le danger de la surpopulation, danger qui menace tout à la fois, l'individu, la famille, la nation, l'humanité. *Toujours*, on y indiquait les moyens de se prémunir contre « ce fléau qu'est l'enfant ». *Toujours*, on y distribuait de petites brochures où, à la suite d'élucubrations humanitaires et scientifiques que la majorité ne lisaient même pas, se trouvait un catalogue de nature toute spéciale avec les indications nécessaires et l'adresse de personnes qualifiées « en qui l'on peut avoir toute confiance ».

Les premières initiées ne manquaient pas de faire part de

leur savoir aux ignorantes et il n'y avait presque pas d'atelier qui ne contînt au moins une « rabatteuse ».

C'est l'une d'elles qui avait envoyé la pauvre gamine chez l'herboriste d'où elle devait sortir irrémédiablement blessée.

L'enseignement néomalthusien est donné avec une habileté effrayante, en ce qu'il s'abrite derrière la philanthropie et la sollicitude pour les femmes. Il a même la prétention d'être moralisateur. En effet, en pratiquant ce que, dans un jargon à prétentions scientifiques, on nomme « la prophylaxie anti-conceptionnelle », on met fin aux exploits des « faiseuses d'anges ». Les néomalthusiens se défendent de « détruire de la vie », ils empêchent tout simplement « la vie de se produire ».

Comment des théories si attrayantes ne séduiraient-elles pas les personnes qui ne savent ou ne veulent pas réfléchir aux conséquences de leurs actes ?

Les femmes qui, déjà accablées de famille, craignent de voir augmenter leurs charges, celles qui ne désirent pas d'enfants du tout parce que cela coûte cher et donne de la peine, celles qui tiennent à avoir leur roman tout en ne courant aucun risque, sans compter les professionnelles de la débauche, ont donc recours aux bons offices des « personnes qualifiées en qui l'on peut avoir toute confiance ».

Mais on ne s'adresse pas seulement aux femmes pauvres pour qui la maternité est un fardeau ou aux célibataires pour qui elle est une honte, on relance jusqu'aux jeunes filles honnêtes qui vivent dans leur famille.

J'ai sous les yeux un papier officiel de la Ligue néomalthusienne où l'on peut lire ceci :

« Nous conseillons aux fiancées de venir nous trouver quelques semaines avant leur mariage, afin de... » (Le reste est impossible à citer ; c'est le comble de l'ignominie.)

Le pis est que certains membres du corps médical

ne craignent pas de se livrer à l'odieux trafic. Parmi les personnes en qui « l'on peut avoir toute confiance », je relève dans une seule liste d'adresses :

Pour Paris et la banlieue : 4 médecins, 3 sages-femmes, 1 herboriste, 1 couple sans désignation de métier, mais qui doit être fabricant ou marchand d'accessoires ;

Pour la province : 1 médecin, 4 pharmaciens, 1 personne de nom bizarre et de profession inconnue ;

Pour une colonie voisine : 1 aide-médecin (?) ;

Pour l'étranger-frontière : 3 médecins, 1 doctoresse.

Dans un périodique révolutionnaire qui fait ouvertement de la propagande néomalthusienne, on trouve, sous la rubrique LISTE DES CONSULTANTS, vingt adresses pour Paris, la banlieue et la province ; les *consultants* se décomposent ainsi : 1 médecin, 2 pharmaciens, 1 préparateur en pharmacie, 1 herboriste, plus 4 hommes, 8 femmes, 3 couples sans profession désignée.

Mais encore une fois, chaque quartier de Paris et presque chaque ville de province ont leurs officines avec des praticiens des deux sexes tout dévoués à la clientèle. Et il est bien spécifié que ces professionnels poussent l'obligeance jusqu'à fournir aux inexpérimentées, les indications nécessaires pour opérer « même à l'insu du partenaire ».

Comment ces honteuses pratiques peuvent-elles trouver des défenseurs parmi les honnêtes gens ?

Tout simplement parce que ceux-ci ne connaissent pas la véritable nature du néomalthusianisme. Les apôtres de la nouvelle doctrine parlent au nom de la philanthropie et de la morale, et certains esprits généreux, qui ne vont pas au fond des choses se laissent prendre à leurs boniments dont voici quelques échantillons :

La prophylaxie anticonceptionnelle doit être employée chaque fois que la grossesse mettra la vie ou la santé de la femme en péril — chaque fois que, par suite d'une tare héréditaire, l'enfant

est menacé de dégénérescence physique ou morale — chaque
fois que la misère, *la pire des maladies*, vouerait des innocents à
une existence lamentable.

Ou bien :

Dire à certaines gens : « Faites des enfants », équivaut à dire :
« Faites des vagabonds, des assassins, des filles de joie ».

Et encore :

L'avenir de l'humanité n'est pas d'avoir des sociétés nombreuses, mais des sociétés heureuses.

M. Paul Robin (de Cempuis) est plus prolixe, mais moins
clair :

Au lieu de les pousser à la procréation, de sages conseillers de
leurs semblables feraient mieux de les en dissuader, excepté dans
les cas fort rares où le produit possible aurait, de par l'état de la
santé physique ou morale et de la valeur intellectuelle des parents, de leur situation dans leur milieu social, toutes les chances
possibles d'être des humains de qualité très supérieure à tous les
points de vue possibles. Ce n'est qu'en appliquant ces principes
dans toute leur étendue que l'on pourra remplacer l'énorme
quantité de fous rapaces et querelleurs qui encombrent, souillent
et gaspillent la planète par le nombre sagement raisonné d'humains et bons travaillant à améliorer au maximum la grande ha-
bitation commune et à procurer à eux-mêmes et à leurs semblables dans toutes les directions la plus grande somme de bonheur
possible.

Madame Nelly Roussel qui, avec M. Robin (de Cempuis),
est à la tête du mouvement néomalthusien, s'apitoie d'abord
sur le sort des mères :

Toute femme adulte et normale, c'est-à-dire apte à concevoir,
se trouve placée en face de ces trois solutions : la chasteté, la
prophylaxie anticonceptionnelle, la gestation continue ou à peu
près.

La chasteté, toujours funeste, est impossible dans le mariage.

La gestation continue ou tout au moins très fréquente, transforme en un long martyre l'existence féminine et réduit toute la famille à la misère ou à la gêne.

Reste la prophylaxie. A-t-elle des inconvénients? Il appartient aux médecins de répondre. Mais, peu m'importe. En aurait-elle que je n'hésiterais pas à la choisir, comme le moindre des maux en présence.

Puis elle proclame le droit imprescriptible de la femme :

Nous, les femmes affranchies des préjugés ancestraux, nous prétendons disposer librement de nos flancs *qui nous appartiennent ; n'être mères qu'à notre gré*, sans qu'aucune considération religieuse ou patriotique vienne influer sur notre décision, sans que *personne* ait à examiner les raisons qui nous font craindre ou désirer la conception.

La *liberté de la maternité* nous apparaît comme la liberté primordiale, sans laquelle les autres ne seront jamais qu'un leurre. Et nous attendons des savants vraiment dignes de ce nom, *vraiment conscients de leur rôle magnifique* qu'ils nous enseignent les moyens d'assurer cette liberté.

La majorité des féministes parlent dans le même sens :

Il n'est pas besoin que l'enfant fasse courir des dangers à la femme pour que celle-ci ait le droit de se refuser à la maternité. Il suffit qu'elle juge que l'enfant est un obstacle à la carrière qu'elle veut suivre, au genre de vie qu'elle entend mener.

D'autres invoquent l'intérêt général :

La femme a une valeur sociale que la maternité diminue.

Un ancien médecin major, professionnel de la Ligue néo-malthusienne va plus loin encore :

Pourquoi avoir l'air de légitimer la stérilité volontaire, l'union sexuelle délibérément inféconde par des raisons médicales et économiques? Les inconvénients morbides ou même anti-esthétiques de la grossesse peuvent ne pas plaire à toutes les femmes. Le droit d'être simplement amante sans ambitionner le moindre accessit de maternité, est à mes yeux, aussi imprescriptible que le droit à la chasteté.

Ces déclarations, plus ronflantes que précises, contiennent une part de vérité. Mais les néomalthusiens s'imaginent-ils avoir inventé quelque chose quand ils signalent le péril que la maternité fait courir à certaines femmes ou bien les dégénérescences produites presque fatalement par certaines hérédités ?

Croient-ils que des médecins habiles et consciencieux les ont attendus pour découvrir les cas où la conception pourrait être funeste à la mère et pour donner alors au couple intéressé les instructions qu'il convient?

Tout au contraire, qui donc dans les officines néomalthusiennes est qualifié pour déterminer les tares et les malformations des parents éventuels ? qui même s'inquiète si ces tares existent ?

Passons à la misère, *la pire des maladies*, à qui les néomalthusiens feront-ils croire qu'ils s'intéressent seulement aux besoigneux et refusent leurs services aux couples qu'ils savent ou supposent en mesure d'élever une nombreuse famille ? On croirait à les entendre que tous les enfants qu'ils empêchent de naître sont voués aux pires diathèses ou à la mendicité. En tout cas, leur philanthropie ne va pas jusqu'à faire une distribution gratuite des ingrédients et ustensiles nécessaires à la prophylaxie anticonceptionnelle.

Si les médecins, les sociologues et les moralistes, d'accord en cela avec toutes les religions, repoussent les pratiques néomalthusiennes, c'est qu'ils en connaissent l'ignominie et le danger.

L'ignominie en sera pleinement démontrée quand nous aborderons le chapitre des « voies et moyens. » Quant aux dangers prochains et éloignés, les médecins, les gynécologues surtout, sont mieux placés que n'importe qui pour les découvrir et les dénoncer.

Or, ils ne s'en font pas faute, soit aux sociétés médicales dont ils font partie, soit dans leurs journaux.

C'est M. le docteur Bossi, directeur de la clinique d'obstétrique et de gynécologie de l'Université de Gênes, qui, en termes précis et énergiques, accuse la prophylaxie anticonceptionnelle des pires méfaits : risques d'infection et de traumatisme, d'abord, puis troubles de la circulation, dégénérescence des tissus, accidents nerveux graves, et enfin stérilité forcée et incurable.

« A mon avis, conclut-il, il est impossible que nous, médecins, nous assistions, indifférents, aux graves phénomènes causés par l'application des théories malthusiennes sans joindre notre œuvre à celle des sociologues et des économistes intelligents.

« Je pense, et j'espère que ce ne sera pas une illusion, qu'aucun raisonnement, aucun argument ne pourra faire sur la société une impression plus grande que la connaissance des dangers que ces pratiques peuvent faire courir à la santé et à la vie de la femme.

« Je souhaite que, soit dans les cliniques, soit dans les traités d'obstétrique et de gynécologie, on réserve un chapitre pour convaincre les lecteurs des conséquences dangereuses des pratiques malthusiennes.

« Ce sera faire, non seulement œuvre sociale, mais œuvre humanitaire. »

M. le docteur Félix de Backer est encore plus précis :

« Dans les régions où règne le malthusianisme, la nature se venge par le cancer. Les femmes qui ne veulent pas de fœtus normaux, s'en préparent d'anormaux ; celles qui ne veulent pas le tissu embryonnaire complet subissent le tissu embryonnaire incomplet, pathologique : le cancer.

« Les organes féminins sont éminemment glycogènes en vue de l'évolution embryonnaire : il faut QUAND ILS FONCTIONNENT qu'ils épuisent leurs réserves ou bien le glycogène s'amasse autour des cellules embryonnaires (véritables verrues internes), et à la moindre irritation, microbienne ou autre, commence l'évolution d'un tissu qui ne peut aboutir à l'état adulte.

« A nous, médecins, d'enseigner qu'il y a danger *médiat* sinon immédiat à supprimer les charges, n'acceptant que les plaisirs ».

Madame Camille Pert, tout en reconnaissant le droit moral à l'avortement et à la prophylaxie anticonceptionnelle avoue néanmoins :

« Seulement, là où nous cessons de nous entendre, les théoriciens qu'ils sont et la femme que je suis, c'est sur l'application du principe, attendu que, en examinant de près tous les moyens de prophylaxie, je n'en ai trouvé aucun *qui ne fût pire que le mal.* »

Les médecins, pourtant, nient-ils qu'en certains cas, la maternité doit être déconseillée aux femmes? Non certes. Mais, d'abord, ils affirment que ces cas sont extrêmement restreints. Ensuite, ils n'admettent pas pour cela les pratiques néomalthusiennes.

Quelques citations prises au hasard :

Du docteur André Lucas (de Monte-Carlo) : « Je me bornerai, pour ma part, consulté par une femme qu'une grossesse mettrait en péril de mort à lui exposer le danger qui la menace pour l'engager à renoncer, dans la mesure du possible, à la recherche d'un plaisir redoutable pour elle. »

Du docteur Bleynie : « Je suis partisan de la prophylaxie anticonceptionnelle à la condition *sine quâ non* qu'elle consistera exclusivement dans l'absence de rapports sexuels. En cas de maladie de cœur grave, la femme n'exigera pas du mari, un acte qui peut le faire mourir sur l'heure. Dans le cas de danger exceptionnel de parturition, le mari doit la réciproque et il s'abstiendra de l'acte conjugal. L'hygiène, la morale et la délicatesse sont d'accord ».

Du docteur Le Véziel, ancien professeur à l'Ecole de Médecine de Paris : « Pendant la période d'acuité de certaines maladies, tant que la grossesse peut être pour la femme une cause de danger, pour l'enfant une cause de dégénérescence ou de mort, le devoir du médecin est d'en avertir les générateurs et d'user de son influence pour empêcher toutes relations conjugales, mais *là doit se borner son rôle.* »

Du docteur Raoult : « J'ai exposé dans ma thèse sur la prophylaxie de la syphilis, que la continence doit être observée jusqu'au mariage. Il est des cas où elle doit être observée *dans le mariage,* et si le mariage a été basé comme il devrait l'être toujours, sur des sentiments d'affection réciproque, cette affection même aura une grande force pour faire accepter ce moyen de ménager la vie ou la santé du conjoint ou d'éviter une descendance malheureuse ».

Du docteur Salagnat : « Le rôle du médecin, dans certains cas, doit être celui d'un éducateur. Il doit prévenir des dangers que pourraient entraîner la grossesse et l'accouchement, soit à cause de la mauvaise graine, soit à cause de l'incapacité de la femme pour la mission procréatrice. Mais le seul moyen anticonceptionnel qu'il doit indiquer est l'abstinence. »

Tous s'entendent donc pour démontrer et flétrir l'immoralité des pratiques néomalthusiennes.

Pour ce qui est du « droit des femmes » voici encore l'opinion de quelques médecins.

« Nous ne pouvons pas pousser l'individualisme jusqu'à admettre que la femme, considérée au point de vue sexuel n'appartient qu'à elle-même. Elle appartient encore à la société. Sa mission est d'enfanter et elle n'a pas le droit de s'y soustraire. » (Docteur A. Fleury, de Bar-le-Duc.)

« La maternité est une loi générale de la nature et la raison d'être de la femme sur terre. Les convenances personnelles, les convenances de famille, la modicité des ressources ne sauraient être une raison plausible pour entraver bénévolement cette fonction, et surtout pour autoriser le médecin à agir dans ce sens. » (Docteur Le Veziel.)

« Je rejette absolument la prophylaxie anticonceptionnelle, comme contraire à la nature et à la physiologie. La maternité est le champ de bataille de la femme, elle ne peut pas le déserter. *Dès qu'elle fait acte de fonctionnement de ses organes, elle doit en accepter les conséquences.* » (Docteur Félix de Backer.)

Ainsi donc, moralistes et hygiénistes, en conformité avec Malthus, s'accordent pour dire aux femmes :

« Si, pour une raison ou pour une autre, la maternité vous fait peur, vous n'avez qu'un moyen de vous y soustraire, c'est d'observer la continence.

Mais la continence ne ferait pas l'affaire des néomalthusiens : d'abord parce qu'ils auraient beaucoup moins d'adeptes ; ensuite parce que la continence ne donnant lieu à aucun trafic, leurs boutiques et officines n'auraient plus qu'à fermer la porte.

Or, qu'ils en conviennent ou non, le commerce est le but principal du néomalthusianisme. La pompe philosophique dont ils enveloppent leurs discours n'étant là que pour mieux attraper les naïfs.

« Quelle heureuse influence aurait sur la santé, la beauté, le progrès physique des races futures, une restriction rationnelle conforme aux lois morales ! Des philosophes sérieux ont cherché avec le plus grand zèle, les moyens les plus propres à arrêter, ou du moins à limiter le surcroît chaque jour grandissant de la population. La difficulté était de trouver un procédé qui répondit à ce but tout en ne diminuant pas la volupté.

« *C'est la manière de se servir de ces moyens préventifs qui fait l'objet de notre brochure.* Rendre service à tous et surtout aux pauvres : tel a été le but de l'éminent philanthrope auteur de ce travail.

« La diffusion, la vulgarisation d'une découverte si utile à la félicité, au bien-être de l'humanité tout entière est une action louable, — je dirai même vertueuse. »

C'est surtout une excellente opération commerciale, attendu que parmi les moyens préconisés par l'éminent philanthrope, aucun n'est gratuit.

Il est impossible de donner ici le nom des multiples produits offerts à la clientèle ; les néologismes qui servent à les désigner pour la plupart constituent à eux seuls un outrage aux bonnes mœurs.

Ces préservatifs sont offerts à tous. Ils s'étalent à la vitrine des herboristes et même à celle de certains pharmaciens. Quelques marchands s'en font une spécialité très lucrative.

Comme pour l'avortement, les prospectus et catalogues illustrés abondent avec les offres les plus alléchantes.

Merveilleuse découverte.

Nouveaux moyens de préservation contre la fécondation.
Sécurité absolue.
Nos appareils sont les seuls permettant réellement d'éviter la conception.

Préservatif pour dames.

Le …
Procédé nouveau de préservation scientifique et infaillible.
Reconnu et approuvé par le corps médical.

Sécurité sexuelle.

Préservation absolue contre la conception par le … nouvel appareil déposé conformément à la loi (1).
Préservation infaillible par le … et la grande microbicide anti-conceptionnelle.
Reconnus et approuvés par le corps médical.

(1) Tout contrefacteur sera poursuivi conformément à la loi.

Découverte sensationnelle.

Préservatif hygiénique antiseptique.

Le ... du professeur W. de l'Université de P...
Reconnu et approuvé par le corps médical.

Solution antiseptique ...

Cette solution à base d'un *dissolvant* et d'aromates est recommandée par les principaux médecins.

PLUS DE GÊNE, PLUS D'ENNUI, PLUS DE SURPRISE !

Mais on n'en peut croire ses yeux et l'on doute encore de la véracité du fait, habitué que l'on est à des promesses alléchantes et un peu trompeuses.

Et pourtant, la chose est vraie, exacte, réelle.

Plus encore, elle repose sur des données scientifiques.

En voici la preuve.

Frappé des multiples dangers qu'on laisse courir aux femmes *obligées de se préserver de la conception* pour une certaine durée ou pour toujours, un éminent spécialiste, après de longs travaux, trouva dernièrement, etc., etc.

Afin de mieux appâter la clientèle on lui soumet de prétendues attestations médicales.

Monsieur le Directeur de la Société ...,

Veuillez envoyer à Madame L..., dont l'adresse est ci-jointe, votre appareil le ... Madame L. doit, à tout prix, éviter la grossesse. Les résultats que j'ai déjà obtenus dans ma clientèle avec votre appareil me prouvent de plus en plus qu'il est absolument infaillible et que nul autre ne lui est supérieur comme commodité.

Veuillez agréer, etc.

Docteur Ch. (Paris).

Monsieur le Directeur,

Je vous remercie du ... que vous m'avez envoyé sur la demande que je vous en avais faite. Je suis heureux de constater qu'il m'a donné toute satisfaction. En ville, à la clinique, à l'hôpital, j'ai obtenu d'excellents résultats dans tous les cas où je l'ai employé.

Docteur JEAN B. (Bordeaux).

Monsieur,

Je suis heureux de vous informer que j'ai obtenu pleine satisfaction en combinant le ... avec le traitement interne dans un cas qui avait jusqu'ici résisté à tous les moyens employés et qu'il était urgent de faire cesser. Veuillez donc m'en adresser deux autres pour en avoir toujours à ma disposition.

Docteur JOHN W. (New-York).

Ajoutons que le prix des ustensiles et appareils varie de 25 francs à 95 francs, et celui des drogues, de 5 francs à 20 francs.

Comme pour l'avortement, il convient d'endormir le scrupule des âmes religieuses. Ceci est à leur adresse :

« La *morale* et la *religion* sont actuellement unanimes à reconnaître que, pour des raisons diverses énoncées et justifiées par Malthus, la conception ne doit jamais être l'effet du hasard mais qu'elle doit, au contraire, être soumise au bon vouloir et aux désirs réciproques des conjoints. »

Enfin, voici qui me paraît le comble du cynisme. Je reproduis l'annonce sans en observer la disposition typographique qui est une aggravation au mal, et j'en supprime quelques passages comme trop attentatoires à la morale.

Cette brochure doit être réclamée gratuitement.
Le trésor de la femme.
« Sciences intimes. »
Régénération.
N'attendez pas que l'ivraie soit haute pour la faucher ; arrachez-la dès que vous supposez qu'elle va apparaître.

L.

Approuvé par de nombreuses sommités médicales et par les personnalités les plus en vue de la Ligue régénératrice.
La femme mère à son gré.
Le bonheur chez soi.
Prudence, Sécurité.
Honni soit qui mal y pense.
Jamais on ne comprendra pourquoi les pauvres s'obstinent à

faire des enfants. Qu'ils les laissent faire aux riches et aux gouver-
nants qui seuls en profitent.

H. H.
(*Le M.*, 6-11-06.)

Un bienfait social.
L'amour à l'abri du danger.
Plus d'alertes ! Plus de terreurs !
Le ... est préférable à tous les antiseptiques connus. C'est le
préservatif idéal qui n'échoue jamais, car il est le TOMBEAU DES
INFINIMENT PETITS, son emploi est universel.

Il est impossible de donner même un aperçu de ce que
contient cette petite brochure *qui doit être réclamée gra-*
tuitement.

Les auteurs, du reste, ont pris soin d'avertir qu'elle est
pour les dames mariées seulement.

Et ils ajoutent comme supplément d'information.

Cette curieuse brochure ne doit pas être mise entre les mains des
jeunes gens. Elle ne doit pas être lue non plus par les personnes
trop susceptibles.

On sait à quoi aboutissent de semblables recommandations : tout simplement à éveiller la curiosité d'une jeunesse
précoce et malsaine.

Un catalogue de 236 pages en petit texte, outre la liste
complète des préservatifs, appareils, drogues, philtres, etc.,
usités par la prophylaxie anticonceptionnelle, offre au lec-
teur le titre des ouvrages les plus luxurieux : chansons,
scénettes, monologues, romans, etc., plus, de quelques
œuvres dites scientifiques dont on devine l'esprit et le but,
enfin de « photographies esthétiques ». On reste confondu
devant la richesse et l'ignominie du genre.

Quelques-uns, parmi les industriels du vice conservent
une vague allure philosophique, mais la plupart dédaignent

l'art de feindre. Les brochures qu'ils publient et répandent sont de véritables appels à la débauche.

L' « apaisement de la soif d'amour », le « droit de tous aux plaisirs de la chair » et pire, y tiennent certes plus de place que le souci des générations futures. On y célèbre, à chaque page, les « délices de la volupté » et dans quels termes !

On y pousse même la complaisance jusqu'à indiquer des remèdes contre la frigidité habituelle et l'épuisement génésique. Ces recettes sont données avec des détails et des commentaires d'une obscénité voulue qui font de ces brochures de parfaits manuels de dépravation.

Un petit ouvrage s'adresse spécialement aux femmes avec cet appel à la solidarité.

« Madame,

« Il ne vous en coûtera rien de lire ceci attentivement; si cette notice ne vous intéresse pas, recommandez-la à vos amies qui peuvent en avoir besoin. Peu de temps après, elles ne sauront comment vous remercier. »

Inutile d'ajouter que toutes ces plaquettes se terminent par un prix courant de spécialités coûteuses.

Pour les esprits facétieux, il est créé des spécimens tout à fait originaux.

« La plus élégante, la plus charmante façon de présenter les préservatifs consiste à les dissimuler dans une fleur. La violette, fleur discrète par excellence convient d'autant mieux à ce genre de présentation que l'imitation est parfaite et qu'un bouquet de violettes artificielles contenant des préservatifs peut être porté à la boutonnière sans qu'il soit possible de distinguer le subterfuge, tant les fleurs sont fraîches et imitent à s'y méprendre le naturel. Les préservatifs sont ainsi dissimulés de la façon la plus plaisante et la plus pratique. Nous le recommandons tout particulièrement à nos clients qui pourront s'en servir comme de farce et d'attrape à l'occasion avec la certitude d'obtenir un vrai succès de gauloise plaisánterie.

Fantaisies et objets contenant un préservatif.

Fruits assortis : noix, amandes, cerises, framboises, petites poires, nèfles, abricots, mandarines, etc., etc.

Fleurs assorties : violettes, chrysanthèmes, fleurs des champs, roses et boutons de rose, boutons de fleurs d'oranger, etc.

Divers : dragées, pralines, crottes de chocolat, etc.; paquets de cigarettes caporal, carnet d'identité, enveloppes-lettres, carnet de bal, cartes à jouer, boîtes allumettes suédoises, pièces 5 et 100 francs, etc. Étui mythologique (très intéressant). Étui transparent (très curieux).

Il existe 58 modèles de ce genre.

Imagine-t-on une pareille recherche dans l'obscénité ! Cela confine à la démence.

On va plus loin encore. Sans se soucier autrement de la prophylaxie anticonceptionnelle qui, dans l'occurrence, n'a rien à voir, un catalogue largement illustré offre au public tout ce qui est nécessaire au vice le plus raffiné et le plus répugnant.

La fureur de propagande dépasse tout ce que peuvent imaginer ceux qui n'ont pas étudié de près cette redoutable question. L'organe officiel du néomalthusianisme a une rubrique très édifiante à ce sujet. C'est intitulé NOTRE MOUVEMENT ; et avec une grande tristesse et une grande appréhension pour l'avenir, on constate que ce « mouvement » est très actif et très bien mené.

PARIS. — Les camarades du ...ᵉ arrondissement trouveront toutes nos brochures ainsi que les objets de préservation chez le camarade M. (adresse.) Conseils aux dames, par madame M..., le lundi de 8 heures à 9 heures du soir, le mercredi et le vendredi, de 2 heures à 5 heures de l'après-midi.

PARIS, ...ᵉ arrondissement. — Maison du Peuple (adresse) réunion de la section; organisation de la conférence du 11 mai.

Nous prions instamment tous nos camarades de ne point faire défaut à notre appel.

Paris ...ᵉ arrondissement. — Maison du Peuple (adresse), métro : G..., samedi 11 mai, à 8 heures et demie du soir, grande conférence sur la *Limitation volontaire des naissances*. Notre camarade L. C. et d'autres orateurs y prendront la parole.

A... (Orne.) — Un groupe de régénération est en formation dans cette ville. Les camarades que la question intéresse sont priés de se réunir le vendredi 10 mai à 8 heures et demie du soir. La Ligue néomalthusienne de L... mène une propagande active. Elle vient de faire distribuer 10.000 exemplaires d'une feuille où se trouvent résumées les indications pratiques. Cette feuille sera imprimée en trois langues. Bravo !!!

N... (Suisse.) — Le Congrès de la Fédération des unions ouvrières de la Suisse romande décide que la Fédération entreprendra une campagne pour la limitation des naissances et la *prudence procréatrice* dans la classe ouvrière. Décision du 12-2-07.

Ces petites annonces se multiplient à l'infini. Les groupes néomalthusiens de Paris, des départements et de l'étranger, sont ainsi mis en communication, ce qui leur permet d'échanger leurs idées, de s'encourager mutuellement et de se faire part de leurs succès.

Le journal de la Ligue fait une réclame gratuite à toutes les publications : livres, brochures, feuillets pour distribution, cartes postales, images, gravures instructives, etc., qui sont favorables à la doctrine.

Les conférences protéiformes dont nous avons parlé jouent un rôle prépondérant. Outre l'enseignement qu'on y reçoit, elles sont un excellent prétexte à l'offre gratuite ou onéreuse de nombreux papiers malthusiens.

Des feuilles dites « de propagande » sont répandues à foison aux alentours des ateliers, des centres d'administration, des écoles professionnelles, des casernes, des lycées, partout, en un mot où se trouve une agglomération de jeunesse.

Un léger feuillet dont le cent coûte seulement 30 centimes, le mille 2 fr. 50, pris aux bureaux, et 3 fr. 10, franco, en gare, était, il y a quelque temps distribué à foison, et notamment à la sortie d'une conférence féministe où se trouvaient beaucoup de jeunes filles.

Or cette feuille contenait entre autres bons avis :

« Vous êtes absolument maîtresse de votre destinée. — Il ne faut pas que vous ignoriez, ni vous, ni vos compagnes de souffrance que, sans vous priver d'amour, *la science vous permet de n'être enceinte que quand vous le voudrez* et d'éviter ainsi les inutiles dangers de l'avortement.

« Notre ligue a pour but d'enseigner ces conquêtes scientifiques à celles qui les ignorent. »

Certains murs sont couverts d'étiquettes gommées dont nous donnons quelques spécimens.

L'Avortement est dangereux ; La Prévention de la Grossesse est facile et sans danger. Ayons peu d'enfants !	Pas d'enfants nombreux, négligés, futurs Esclaves-Tueurs ! Rien que des Hommes utiles et conscients et la Guerre sera impossible !
La Science apprend aux Femmes à n'être enceintes que quand elles le veulent. Qu'elles aient peu d'enfants !	Assez de chair à plaisir ! de chair à travail ! de chair à canon ! Femmes, faisons la grève des mères !
Beaucoup d'enfants, c'est la Concurrence et les Bas Salaires. Ayons peu d'enfants !	Les femmes doivent savoir, sans se priver d'amour, se préserver elles-mêmes de la grossesse.
Chaque Enfant d'ouvrier est un futur Concurrent pour ses parents... et pour les autres. Ayons peu d'enfants !	Prêtres, soldats, magistrats, dirigeants, pour perpétuer leur tyrannie, prêchent les naissances nombreuses : Donc : Ayons peu d'enfants !
Plus de Filles-Mères abandonnées, si les femmes savent n'être Mères qu'à leur gré. Grève des ventres !	Tout honnête médecin ou hygiéniste doit connaître et enseigner les moyens d'éviter la grossesse. Ayons peu d'enfants !

Ces étiquettes ne coûtent que 0 fr. 15 le cent, les propagandistes peuvent en faire largement usage, ce à quoi ils ne manquent point. Car l'ingéniosité des néomalthusiens est remarquable. Voici à ce sujet, une anecdote que j'ai entendu raconter à M. N..., dans une conférence qu'il faisait sur « Le complot contre la famille. »

Il se trouvait une fois en province pour une réunion électorale. C'était dans un bourg éloigné de tout centre urbain. Le jour finissait, il faisait froid, la pluie tombait à verse : la raison électorale pouvait seule expliquer un déplacement par ce temps abominable.

Pourtant on remarquait un homme, porteur d'un ballot de papier, qui semblait étranger au pays. En attendant le public qui ne se pressait pas, M. N..., engagea la conversation avec cet inconnu qu'il prenait pour un agent de la partie adverse.

Quelle ne fut pas sa surprise de constater que c'était un commis-voyageur en néomalthusianisme. De la meilleure grâce du monde, le placier exhiba les feuilles, tracts, brochures, etc., qu'il comptait offrir à l'assistance ; et, avec une certaine éloquence, et une conviction qui paraissait sincère, il essaya de convertir M. N... aux doctrines qu'il représentait.

Tout en déplorant les ravages faits par l'abominable propagande, M. N... ne put se défendre d'admirer le courage et l'ardeur de ceux qui la pratiquent ; et il se dit que si les défenseurs du bien déployaient autant de zèle, la morale et la santé publiques n'auraient qu'à y gagner.

Mais, parce que la publicité s'exerce surtout dans la classe ouvrière, il ne faut pas croire que les autres classes soient épargnées.

On envoie à domicile et chacun de nous est exposé à recevoir des échantillons de cette révoltante littérature.

Le 6 juin 1907, le tribunal civil de Lille, après une remarquable plaidoirie de Mᵉ Maurice Gand, condamnait à 100 francs de dommages-intérêts, avec intérêts judiciaires et dépens, un cabaretier de R..., dont l'établissement était un centre de néomalthusianisme et qui faisait parvenir aux familles « des prospectus donnant avec une grande précision l'indication des procédés anticonceptionnels et autres publications de même nature. »

Il y a quelque temps, place de la Concorde, on jetait à profusion, dans toutes les voitures de promeneurs que l'on pouvait atteindre, une petite brochure néomalthusienne d'une écœurante obscénité.

Que les honnêtes femmes ne se voilent donc pas la face, qu'elles ne détournent pas la tête en protestant qu'elles ne veulent pas entendre parler de semblables horreurs. D'abord, se désintéresser d'un péril, parce que l'on s'imagine qu'il ne peut vous atteindre, est une marque d'égoïsme et de lâcheté. Ensuite, il n'est pas une mère qui soit certaine que ses fils, étudiants ou lycéens, voire même ses filles, ne reçoivent, ne lisent, ne goûtent ces écrits abjects qui, à tout jamais, les corrompent et les dépravent.

Aux néomalthusiens *purs* — si l'on peut s'exprimer ainsi — qui se prétendent non responsables de telles monstruosités, attendu « qu'eux se préoccupent seulement, dans une intention humanitaire, de la limitation des familles », on peut répondre que les dites monstruosités découlent tout naturellement de leurs doctrines et de leurs prédications.

Mais, est-il exact que les professionnels du néomalthusianisme se tiennent strictement sur le terrain philosophique et humanitaire ?

Non, certes. Et, sous couleur d'améliorer la race, ils font tout ce qu'il faut pour la détruire en la viciant dans sa source même.

En effet, toute une partie de leur enseignement s'adresse à la jeunesse des deux sexes, et peut être regardé comme une excitation de mineurs à la débauche.

Que l'on en juge :

Après avoir déclaré que « la volupté est un droit, sinon un devoir » et que « le célibat des prêtres et des nonnes est une dégoûtante folie », l'un d'eux conclut :

Les jours de la jeunesse sont courts et les heures d'amour éphémères...

Il est impossible de donner la fin de la phrase que je traduis aussi décemment que possible par : « Hâtez-vous d'en profiter. »

Dix-huit ans pour les garçons, seize ans pour les filles, semblent aux néomalthusiens un âge raisonnable ; mais ils ne s'étonnent pas d'une précocité plus grande puisqu'ils déclarent que l'enseignement préventif doit être donné « dès les bancs de l'école ».

Un autre blâme la sagesse observée par quelques-uns et les menace des pires regrets.

« Quant à ceux — et c'est heureusement l'exception — qui passent des années entières dans une chasteté glaciale, heureux si, avant que toute flamme soit éteinte en eux, ils retrouvent encore celle qui doit être la récompense de leur labeur et de leur patience. Mais, même en ce cas, doit-on compter pour rien les années de sacrifice ascétique au prix duquel ce bonheur est acheté ? La raison ne nous dit-elle pas qu'un tel sacrifice est une perte sèche ? »

Donc, alors que médecins et moralistes prêchent la continence absolue avant le mariage et que, *se basant sur des faits observés*, ils la déclarent possible et même facile à garder quand on ne recherche pas à plaisir les excitations malsaines, quand le cerveau est occupé par le travail et l'esprit par des sentiments honnêtes, les néomalthusiens, eux, engagent la jeunesse à ne point perdre de temps pour ce qu'ils nomment « la gratification normale de l'appétit sexuel », qu'ils déclarent non seulement « favorable à la santé, mais indispensable à tout être humain » et au surplus « la source de toutes les félicités. »

Ils conseillent seulement la prudence.

Après avoir raillé l'éminent professeur Fournier de sa bro-chure : *Pour nos fils quand ils auront dix-huit ans*, l'un des porte-paroles du néomalthusianisme écrit :

Étant donnée l'inéluctabilité du péché, mieux vaut pour la santé du jeune pécheur qu'il ait succombé sous la sauvegarde du (ici le nom d'un objet de préservation) destiné à le protéger contre l'ex-piation du péché commis. Aussi, doit-on proclamer *urbi* et *orbi* que le… est le plus grand bienfait que la providence divine ou la prévoyance humaine ait pu accorder à l'homme, et que l'in-venteur du… est un bienfaiteur qui a bien mérité non seulement de sa patrie, mais de l'humanité tout entière. L'emploi du… est une action des plus méritoires inspirée par la plus haute sagesse. *Voilà ce qu'il faut inculquer à la jeunesse dont le salut est à ce prix.*

Vient ensuite le « décalogue prophylactique partiellement emprunté à D… et L… et mis à jour en conformité avec les expériences les plus récentes ».

Ces dix commandements sont tels qu'il est impossible d'en donner même un aperçu ; nous ferons remarquer toutefois que leur observation nécessite l'emploi d'ingrédients et d'ustensiles variés que l'on trouve chez les frères et amis. Les « éminents philanthropes » ne perdent jamais le nord quand il s'agit de leurs intérêts.

Les malheureux jeunes gens qui suivent ces conseils né-fastes pourront, quand ils seront d'âge à créer une famille, préférer « la qualité à la quantité », la qualité tout au moins lui sera refusée ; et les pauvres êtres qui, pour leur malheur, naîtront d'eux, auront le droit de les maudire, eux et les pro-pagateurs de ces doctrines de mort.

Car, en dehors de tout risque de contamination, l'usage précoce, exagéré, antinaturel des fonctions génésiques est l'un des facteurs les plus certains et les plus énergiques de dégénérescence, d'abêtissement, de vieillesse précoce !

Après avoir ainsi réglé le compte des jeunes gens, les néomalthusiens entreprennent les femmes.

Beaucoup s'imaginent que la vertu des mères et des épouses est une sauvegarde pour la morale et, jusqu'à un certain point, pour la santé publique, les néomalthusiens ne l'entendent pas ainsi.

Jamais, écrit un des leurs, on n'obtiendra de la femme qu'elle garde la continence absolue. Et il n'est pas nécessaire qu'elle la garde ; il suffit qu'elle sache éviter une grossesse inopportune.

Ailleurs :

Quant à l'autre sexe dont la vertu est dans certains milieux plus assurée par l'opinion publique et l'éducation, il est trop évident que le célibat éprouve beaucoup de jeunes filles dont il altère plus ou moins la santé. Les organes créés pour le fonctionnement doivent l'exercer en dépit de toutes les sottises malfaisantes des théologiens et de certains philosophes.

Et encore :

Ceux qui veulent le bonheur de la jeune fille ne doivent pas l'empêcher de savoir que la science lui fournit les moyens de n'être mère que quand il lui plaît.

Dans un article intitulé :

L'AMOUR SANS CONTRAINTE ! paru dans une des feuilles officielles du néomalthusianisme et qui est un véritable défi aux bonnes mœurs, on peut lire :

Enfant, le printemps a jeté son trouble dans tes veines. Ta jeune chair de seize ans frissonne et se convulse. Ton cœur rêve, aspire à des joies délicieuses. Un passant vient à toi. (*Ici quelques lignes qu'il est impossible de citer.*) Ah ! comme il serait bon, cette nuit, de s'aimer, de tressaillir toute dans la splendeur et l'ivresse du renouveau !

Non, renonce à l'espoir...

Il faut clore ta bouche, comprimer les battements de ta gorge éperdue, meurtrir ta chair troublée, te sevrer de toute joie, hurler, crier, gémir, connaître la torture douloureuse des heures où la chair qui a faim d'amour, brûle, s'insurge, appelle...

Et le monde complice ne s'indignera pas !

En vérité, on se demande où M. R. E., le signataire de l'article, a rencontré des jeunes filles de seize ans que la simple vue d'un passant met en pareil état.

M. Robin (de Cempuis) commence par donner son opinion sur la chasteté, « cette vertu unique et si niaise de la femme », puis il ajouta :

Une jeune fille a tort de se marier, d'aliéner le peu de liberté qu'elle possède. Elle ne désobéit à aucune loi rationnelle en ayant les amants qu'il lui plaît. Si, après de plus ou moins nombreuses expériences, elle trouve un compagnon avec lequel, en parfaite union de goûts, elle pense pouvoir passer une longue vie heureuse, qu'elle s'associe définitivement avec lui si cela lui plaît, sans se soucier de vaines sanctions légales. Et si, par malheur, ces amants se sont trompés, si l'accord ne dure pas, s'il y a incompatibilité d'humeur, si l'on se sépare, l'amour aura pour successeur, non la haine et l'horreur comme aujourd'hui, mais l'amitié ou tout au moins l'estime.

Ne croirait-on pas que ces belles théories doivent attendre de longues années pour trouver leur application ? Est-ce que, de nos jours, cela ne se rencontre jamais, des hommes et des femmes qui se prennent puis se quittent comme il est indiqué ci-dessus ? Et les « faits divers » ne sont-ils pas là pour nous démontrer le rôle que jouent le couteau, le revolver et le vitriol dans ce genre de séparation qui, d'après M. Robin, ne doivent laisser après elles que l'amitié ou tout au moins l'estime.

Enfin, pour rester tout à fait dans la note du jour, le couplet sympathique à la prostitution.

Nos coutumes atroces font de quelques rares filles pauvres des victimes torturées par la volupté dont un grand nombre d'autres sont privées. Que celles-ci, formant une grande majorité, victimes elles aussi par leur désobéissance à la loi physiologique de l'exercice sexuel, se révoltent contre les préjugés, reconquièrent les voluptés que leur ont si fâcheusement refusées les lois et les mœurs ; que, se sauvant elles-mêmes, elles sauvent en même temps leurs pauvres sœurs martyres, les prostituées, et détruisent à jamais de la seule manière efficace l'esclavage féminin qui s'appelle la prostitution.

Ce qui signifie clairement : « Le jour où toutes les femmes consentiront à faire la noce par agrément, il n'y aura plus de raison pour que l'on tienne rigueur à quelques-unes de la faire par métier.

Les honnêtes femmes seraient vraiment bien coupables de ne point, au prix d'un si léger sacrifice, « délivrer leurs pauvres sœurs martyres, les prostituées. »

Il faut de la bonne volonté pour trouver dans ces déclarations le moindre souci concernant la femme et le bien-être des générations futures.

On demeure effrayé quand on réfléchit que c'est surtout la jeunesse qui est visée par ces doctrines dépravantes et meurtrières, et l'on se demande avec angoisse ce qu'il adviendra de notre race si on les laisse se répandre davantage.

Certains répliquent que, de tous temps, l'avortement et la prophylaxie anticonceptionnelle ont été connus, employés, et que nos pères n'en faisaient pas tant d'histoires.

Cela est certain ; de nombreux documents en font foi.

« Femmes ! s'écrie Ovide, pourquoi souiller vos entrailles du fer homicide ? »

Cette constatation est loin d'être rassurante. Sans doute ces coupables manœuvres ont toujours été mises en usage, mais elles ne se répandaient pas, la nature saine et vigoureuse de nos aïeules s'y opposant.

Aujourd'hui, non seulement elles se vulgarisent avec une énergie, une rapidité incroyables, mais on les présente comme légitimes, humanitaires, morales. Et le public inexpérimenté s'y laisse prendre.

C'est cela surtout qui est inquiétant.

LES CAUSES

Il semble donc bien établi que, dans de notables proportions, les femmes françaises ne veulent plus d'enfants, ou n'en veulent qu'un, deux à la rigueur quand l'aîné est une fille.

Cette disposition indique un état social déplorable; car, en temps normal, la femme ne se refuse pas à la maternité. Tout son être physique et moral l'y pousse; et elle la considère, non comme une charge à laquelle on se résigne, non comme un devoir que l'on accepte, mais comme une joie à laquelle on aspire.

Les causes de l'incroyable progression de l'avortement et du néomalthusianisme sont donc profondes. Elles sont multiples; elles sont d'ordre matériel et d'ordre moral.

Des économistes très sages affirment que si les chefs de famille, et principalement les propriétaires fonciers, restreignent volontairement le nombre de leurs héritiers, c'est qu'ils sont privés du droit de tester, c'est-à-dire de laisser leurs biens : terres, usine, maison de commerce à celui de leurs enfants qu'ils croient le plus apte à les faire fructifier.

« Ne pouvant plus avoir un fils aîné, ils ont un fils unique ».

Cette considération est trop spéciale et trop grave pour que nous la discutions ici, mais il convenait tout au moins de l'indiquer.

Parmi les causes de la dépopulation, il faut compter le développement extrême du féminisme — j'entends ce féminisme outrancier qui veut que, en tout, la femme soit, non seulement égale, mais *pareille* à l'homme, ce féminisme qui déplace, dénature les droits et les devoirs de chacun, met les prétendus droits de la femme au-dessus de ses besoins réels et laisse complètement de côté l'intérêt de la nation et de la race.

La femme actuelle se montre de plus en plus jalouse d'affirmer sa personnalité et de s'affranchir de ce qu'elle appelle « le joug de l'homme ». Mais cet affranchissement ne s'obtient guère que par un métier ou une profession exercés hors du logis, ce qui rend la femme incapable de remplir la tâche maternelle pour laquelle elle est créée.

Les petites fonctionnaires, les employées d'administration, les caissières, les comptables, les vendeuses des grands magasins, les institutrices, les gardes-malades, les ouvrières d'usine ou d'atelier, les domestiques, tout aussi bien que les avocates, les doctoresses, les autoresses, les artistes, les comédiennes sont donc, et presque forcément, réfractaires à la maternité.

Certes ! il y a des femmes dont le salaire est indispensable à la maisonnée et l'on n'a qu'à s'incliner devant les courageuses qui vivent de leur travail et en font vivre ceux dont elles ont la charge. Mais celles-ci sont beaucoup moins nombreuses qu'on ne le croit. La majorité — je parle, bien entendu, des femmes mariées — pourraient se contenter de ce que gagne le chef de famille.

Quand on accuse le féminisme d'être cause d'une foule de défections lamentables en ce qui concerne la maternité, on ne fait que constater un état de choses dont la vérification est aisée.

En effet, sauf exception pour le « Féminisme chrétien » qui fait bande à part, les féministes se dénoncent elles-mêmes par l'ardeur qu'elles mettent à prêcher les doctrines néomalthusiennes. Elles donnent pour cela une raison qu'elles jugent péremptoire et qu'elles formulent ainsi :

« La femme a droit à l'entier épanouissement de son être ».

D'abord, qu'est-ce que cela veut dire au juste ?

Et puis en quoi la maternité s'opposerait-elle à l'entier épanouissement de l'être féminin que, tout au contraire, elle achève et perfectionne ?

Les femmes qui travaillent soit par goût, soit par nécessité, ne sont pas seules à repousser la maternité.

Les « intellectuelles » de toute catégorie s'en abstiennent également sous prétexte que « mettre au monde et élever des enfants constitue une besogne de serve dont toute femme supérieure doit savoir s'affranchir. »

Les professionnelles de la mondanité ne donnent pas la même raison, mais elles pratiquent les mêmes théories.

De quelle manière, en effet, concilier les expositions multiples, les « premières » sensationnelles, les grandes auditions musicales, les conférences à la mode, les flâneries aux grands magasins, les essayages innombrables, les five o'clock, les thés de toute nature, etc., sans compter ce fléau moderne que l'on nomme *bridge*, et les visites !... — oh ! les visites, les *jours*... que de temps stupidement gâché cela représente ! — comment, dis-je, concilier ces obligations importantes avec les devoirs tyranniques de la maternité ?

On n'hésite pas, on supprime de son existence ce qui paraît ennuyeux, et c'est l'enfant.

La femme actuelle n'aime plus son foyer, elle s'y déplaît,

elle s'en désintéresse. Elle passe son temps à galoper de côtés et d'autres, toujours en hâte, sans poser nulle part et surtout chez elle. De plus en plus elle dédaigne le rôle de ménagère. Elle perd, en un mot « l'instinct de nidification. »

Parallèlement croît le besoin de jouir et, plus encore, la manie de paraître qui se traduisent par une dépense exagérée en toilette, logement, villégiature, train de vie général. L'enfant, dès lors, apparaît comme une gêne et une charge qu'il est bon d'écarter, ou tout au moins, de limiter dans de très larges proportions.

Au nombre des réfractaires, il faut encore compter les professionnelles de la galanterie et les femmes dites honnêtes parce qu'elles ont un mari, mais qui n'en fréquentent pas moins assidûment les garçonnières et autres « nids d'amour. » Celles-là sont des adeptes ferventes de la prophylaxie anticonceptionnelle et, au besoin, de l'avortement.

Parmi les causes prépondérantes du développement effroyable de la nouvelle école, il importe de citer l'affaiblissement de l'idée religieuse.

Voici ce que le docteur Cazalis écrit à ce sujet :

« On a dit cette sottise que l'honneur du protestantisme était la famille nombreuse et que, seuls les pays catholiques offraient cette limitation des naissances, seuls ou à peu près seuls ils appliqueiant les précautions néomalthusiennes. La vérité est que les familles catholiques très religieuses, comme les familles protestantes très religieuses ont, en général, beaucoup d'enfants ; c'est donc, non la nature de la religion, mais bien plutôt un affaiblissement de l'idée religieuse qui aurait quelque influence sur les progrès du néomalthusianisme. »

Mais, afin que la semence germe et fructifie, il lui faut un terrain favorable. Or, pour la question qui nous occupe, les progrès effroyables de la licence forment une préparation de premier ordre. Le théâtre, le livre, le journal, les publications de toute nature, les prospectus distribués à tout venant, les affiches qui couvrent nos murailles sont à la disposition de la pornographie et, à qui mieux mieux, prêchent, légitiment, glorifient les mauvaises mœurs. Nous avons vu que les apôtres de l'obscénité s'adressent surtout à la jeunesse qu'ils corrompent et dépravent, créant ainsi des adeptes pour leur école et des clients pour leurs officines.

Ainsi donc, féminisme outrancier, prétentions intellectuelles ou artistiques, vie mondaine intense, ambition, vanité, coquetterie, désaffection progressive du foyer, débauche, inconduite, irreligion croissante ; telles sont les principales causes qui font que les femmes actuelles repoussent la maternité ; et les *fuyardes* de ces différents groupes sont assez nombreuses pour que leur abstention constitue un péril national.

Toutefois, pour être juste, nous devons voir la situation sur toutes ses faces.

A côté de l'égoïsme, à côté du vice, la misère nous apparaît comme un facteur puissant et désolant de dépopulation.

Quand on pénètre dans certains logis comme il n'y en a que trop à Paris et dans les grandes villes, logis privés d'air et de lumière, où l'on grelotte l'hiver, où l'on suffoque l'été, où la faim règne à l'état chronique, taudis immondes composés d'une pièce unique où se passent tous les actes de la vie, où gîtent pêle-mêle dans une révoltante promiscuité, le père touché par l'un de ces trois fléaux modernes : l'alcoolisme, la syphilis, la tuberculose quand ce n'est pas la triade au complet, la mère épuisée par le travail excessif, les privations, les maternités fréquentes, une nuée de pauvres marmots contournés, rachitiques, tout suintants de pus, demi-idiots ou demi-fous, quand, dis-je, on pénètre dans ces géhennes maudites, on est tenté de dire comme les néomalthusiens : « Assez de misère, comme cela, assez de souffrance. »

Quand seulement on se trouve en face de braves gens qui, malgré les efforts les plus courageux, ne peuvent triompher des difficultés de la vie, on est encore tenté de dire : « Ne mettez d'enfants au monde que juste ce que vous en pouvez nourrir et élevez-les de votre mieux. »

Si les néomalthusiens s'étaient strictement cantonnés sur ce terrain, nous les combattrions d'une toute autre façon.

Pour ceux — et ils sont un bon nombre — qui condamnent sans examen, voici quelques cas de misère maternelle pris sur le vif. Je ne fais que copier les notes écrites au moment même de la constatation. Les esprits impartiaux reconnaîtront que si les apôtres *intéressés* de l'avortement et de la prophylaxie anticonceptionnelle sont *toujours* de grands coupables, quelques-unes, parmi celles qui les écoutent ont droit à une indulgence presque illimitée.

L'allée devant laquelle je m'arrête est tellement étroite et sombre que je crois m'être trompée. Je la connais bien cette allée, il n'y a presque pas de jours que je ne passe devant, mais j'avais toujours cru que c'était un espace réservé par des propriétaires voisins qui ne s'étaient pas entendus pour la mitoyenneté de leur mur. Je consulte encore l'adresse qui m'a été indiquée : c'est bien là.

J'entre donc et je longe deux murs très élevés, tout verdis d'humidité où ne se voient ni portes ni fenêtres.

— Qui demandez-vous ? me crie une voix d'en haut.

J'ai beau lever la tête, je n'aperçois pas le propriétaire de la voix. L'allée est trop étroite pour que je prenne assez de champ. Je réponds néanmoins :

— Madame X.

— Au fond de l'allée, à droite. Entrez tout de go ; ya pas de porte.

J'entre, mais pas tout de go. Sur cette espèce de carré où je m'aventure règne le noir le plus absolu. Le sol est visqueux. Il monte, on ne sait d'où, des relents de fosses et de caves puantes. Je ne m'avance qu'avec d'infinies précautions, tâtant sérieusement le terrain avant d'y poser le pied et me servant de mon parapluie pour reconnaître les alentours.

Décidément, je me suis trompée. Il n'est pas possible que des créatures humaines, quelles qu'elles soient, puissent vivre là.

Tout de même, à la fin, j'aperçois une petite clarté provenant d'un trou de serrure, et je marche avec plus d'assurance. Une fois dans la place, voici le spectacle qui s'offre à mes yeux :

La chambre est sordide : des loques, du linge souillé, des épluchures de légumes, de la vaisselle sale, de vagues ustensiles de cuisine traînent çà et là, sur la table, sur les chaises, par terre. L'odeur est repoussante.

Sur le lit, — le lit !... — est étendu tout habillé, un homme jeune encore, manifestement à la dernière période de la tuberculose. Dans le berceau, ayant pour toute garniture un tas de chiffons, un bébé de quelques mois, chétif et pâle, laisse errer autour de lui, ce regard sévère et inquiétant des petits qui n'ont que peu de temps à vivre.

La mère vient de rentrer ; l'empreinte de ses pas est encore mouillée sur le carreau.

Il est deux heures de l'après-midi, et elle est partie à trois heures du matin pour le Croissant prendre les journaux qu'elle porte à Boulogne-sur-Seine, — à pied, bien entendu, avec des chaussures qui sont passées à l'état de savates. A cet abominable métier, elle gagne de trente à quarante sous, et ce sont les seules ressources du ménage. Sur sept enfants, il ne reste que les deux aînés et le tout petit.

Accablée de lassitude, la femme s'est laissée tomber sur une chaise et se reprend un peu avant de s'occuper du nour-

risson. Celui-ci ne pleure ni ne s'impatiente, il sait bien que
ce serait inutile. Toutefois, quand sa mère le prend sur ses
genoux, et commence à déboutonner son corsage, il donne
quelques signes de joie. Voici un repas qui sera le bien-
venu. Mais, après quelques gorgées, il s'arrête déçu : le
sein maternel est promptement tari.

— Je n'ai presque pas de lait, m'explique la pauvre
femme avec la résignation navrante de ceux qui se savent
définitivement vaincus, et le peu que j'ai n'est pas fameux...
Pensez! tant de fatigue...! et manger quand cela se trouve!...

— Madame, c'est la « femme de la Butte-aux-Cailles. »
Elle a l'air tout effaré.

— Faites-la entrer bien vite.

La « femme de la Butte-aux-Cailles », — une veuve à la
tête de trois enfants — se présente, portant, dans ses bras,
le plus jeune enveloppé d'un vieux châle. Le pauvre poupon
est rouge, fiévreux ; il tousse beaucoup.

— Mais, il est malade, ce petit-là, dis-je un peu sévèrement ; il m'a tout l'air d'avoir une bronchite. Pourquoi le
sortez-vous d'un froid pareil ?

— Il a bien fallu, madame. Ce matin j'ai fait du feu pour
la première fois, et voilà que notre chambre est pleine d'une
fumée épaisse qui prend à la gorge. Il tombe de grosses
gouttes noires et il y a un trou dans le mur. Si madame vou-
lait venir voir.

Les pauvres créatures! parce qu'on leur donne quelques
bons avis et qu'on leur rend quelques petits services, elles
croient que l'on détient l'omniscience et la toute puissance et
que l'on peut remédier à tout, même à la fumée âcre et aux
trous dans le mur.

Je pars avec la « femme de la Butte-aux-Cailles », et, une
fois sur place, je me rends aisément compte du phénomène.

L'ancien locataire avait fait passer le tuyau de son poêle
par le mur du pignon. Lui parti, le concierge s'était contenté

de boucher le trou avec du bitume à trottoirs ramassé dans le voisinage. Pour des gens de si peu d'importance, on ne va pas se mettre en frais, n'est-ce pas ?

Quand la pauvre veuve a voulu installer son poêle, on a percé pour le tuyau une brèche un peu au-dessus de l'ancienne ; la chaleur a fait fondre le bitume ; de là, les gouttes noires, la fumée asphyxiante et le trou qui va s'élargissant.

Ce ne fut qu'au bout de trois jours, après beaucoup de paroles et mon intervention directe que le propriétaire consentit à effectuer la réparation. Pendant ce temps, la mère et les petits grelottèrent dans leur chambre sans feu, au milieu de vapeurs qui ne se dissipaient que lentement et qui les suffoquaient.

Tous furent malades de bronchites ou de pneumonies et le dernier enfant mourut.

Nous voici dans une rue très étroite que borde une vieille et superbe église. L'escalier ouvre directement sur la rue, sans clôture ni protection ; il n'y a pas de danger que les voleurs soient tentés par cette misère. Les marches sont si exiguës que, même dans leur partie la plus large, on a peine à y poser le pied. Une corde très crasseuse tient lieu de rampe. L'éclairage est réduit à une petite lucarne sur chaque palier.

La chambre est au troisième et dernier étage, à côté d'un plomb qui empeste. Le plafond est assez bas pour que, sans être un géant, on puisse le toucher de la main. L'unique fenêtre ouvre sur le toit, au fond d'un long boyau, très loin du centre de la chambre. Grâce à cette disposition et au mur de vis-à-vis, c'est seulement dans les jours bien ensoleillés que l'on peut travailler sans lumière.

Là, demeure une famille de neuf personnes, une très honnête et très estimable famille.

Le père, garçon de magasin, gagnait autrefois six francs

par jour, il ne gagne plus que trois francs cinquante parce que des ulcères variqueux le rendent quasi-impotent.

— Je comprends cela, dit-il résigné, je fournis moins d'ouvrage qu'avant, et mon patron est un petit patron qui n'a pas les moyens de payer ce qu'on ne fait pas.

Une fillette de quinze ans, petite main cartonnière, gagne cinquante centimes par jour ; soit quatre francs en tout.

L'aîné, un garçon de seize ans, a quitté la maison qu'il trouvait trop triste. Il crie dans la rue pour une marchande des quatre-saisons « ... soi-disant, me confie la mère avec inquiétude, mais j'ai bien peur qu'il tourne apache. »

Pour comble de misère, l'un des enfants âgé de neuf ans est atteint de coxalgie avec suppuration. On ne le garde pas à l'hôpital parce qu'il n'y a pas de place, mais la mère doit l'y conduire deux fois par semaine pour le pansement.

La route est longue et le petit est lourd. Si, n'en pouvant plus, la pauvre femme le pose par terre et le fait marcher un peu, le pansement se dérange et elle est tarabustée.

— Votre enfant ne guérira jamais, gronde l'interne ou la surveillante.

Et elle me dit navrée :

— Comment faire ? je n'ai pas les moyens de prendre l'omnibus ; et quand je suis par trop lasse, mon lait fait du mal au petit que je nourris.

Eh bien, aucune de ces familles de travailleurs qui comptent beaucoup de jeunes enfants, des malades, des veuves, des femmes enceintes et des mères-nourrices, aucune, dis-je, n'est secourue de quelque façon que ce soit.

Enfin, cet été, dans le petit port de mer où je passais les vacances, voici ce dont j'ai été témoin.

Un très brave homme, ouvrier d'usine, a sept enfants : le plus grand est âgé de douze ans, le plus jeune de onze mois. L'homme gagne quatre francs par jour, mais comme il est très courageux, il trouve moyen, sa journée finie, de faire quelques corvées qui lui rapportent de deux francs cinquante à trois francs par semaine.

On le sait tellement besoigneux à cause de sa nombreuse famille, qu'au lieu de le payer à la quinzaine comme les autres, on lui donne son argent chaque soir.

C'est donc avec un gain hebdomadaire de vingt-six francs que ces neuf personnes doivent vivre. Pourtant tout est propre chez eux : la maison et les gens, et si l'on vit maigrement, on ne demande rien à personne.

Mais, survient une épidémie de rougeole, cinq des enfants sont pris, quatre guérissent, le nourrisson meurt.

Cela se passe un samedi ; le père n'ayant pas le courage de laisser la petite agonisante, est resté au logis. Le lendemain dimanche, on ne travaille pas, ce qui fait deux jours sans paye.

Le soir de ce dimanche, étonnés de voir la chambre mortuaire dans l'obscurité, des voisins pénètrent dans le triste logis et voici ce qu'ils trouvent : les plus jeunes enfants ont mangé tant bien que mal et dorment dans ce qui leur sert de berceau ; les aînés, en compagnie du père et de la mère, pleurent la petite morte, *sans lumière et sans pain.*

On eut vite fait de secourir provisoirement cette misère lamentable : le boulanger et le charcutier fournirent de quoi manger, l'épicière envoya de la bougie, des femmes du quartier, ce qui était nécessaire pour ensevelir décemment le petit cadavre.

Mais, pendant l'inhumation, j'entendais auprès de moi commenter l'événement et blâmer sévèrement « ces gens qui mettent des enfants au monde sans calculer s'ils ont le moyen de les nourrir ». On aurait mieux fait de blâmer la société criminelle et imbécile qui laisse de braves gens dans une pareille détresse.

Si, lasses de voir les berceaux se transformer presque tous en petits cercueils, des femmes pauvres ont recours aux

« faiseuses d'anges », je voudrais bien savoir qui oserait les condamner.

La vérité est qu'on n'assiste pas la maternité pauvre. Il y a des fonds considérables pour les enfants secourus, mais les ayants-droit n'en touchent qu'une très petite portion ; le reste part pour des destinations inconnues.

J'ai vu refuser des secours de grossesse et d'allaitement dans des circonstances où ce refus était un quasi-arrêt de mort pour l'enfant et, quelquefois, pour la mère.

A moins de cas exceptionnels et *très rares*, on refuse d'abord le secours demandé. S'il se produit des réclamations autorisées, on en est quitte pour trouver une excuse dont l' « erreur de nom » est la plus fréquente. S'il ne s'en produit pas, l'administration se dit que c'est autant de gagné.

Un fonctionnaire de l'Assistance publique, à qui je faisais un jour remarquer que de ces prétendues erreurs d'enquête, les victimes souffrent et parfois meurent, me fit cette réponse stupéfiante :

— Nous pratiquons l'assistance en masse ; il nous est impossible d'entrer dans de si petits détails.

Vraiment ! mais le jour où ces mères infortunées trouveront qu'il est plus simple et moins cruel de supprimer les enfants avant leur naissance que de les voir mourir faute de soins quelques mois plus tard, on s'occupera bien des détails pour les punir.

Car ce sont elles que l'on punit, les malheureuses ! et non pas les femmes de toute catégorie qui ont le moyen d'élever des enfants : professionnelles de la galanterie, habituées des garçonnières, bourgeoises en mal de coquetterie et d'égoïsme. Celles-là, leur infamie même ou la situation qu'elles occupent dans le monde les protège contre la loi, elles et leurs infâmes praticiennes.

Une fois, j'ai surpris l'avortement chez moi ; comme je cherchais à effrayer la domestique qui s'en était rendue coupable en lui parlant de la police et de la prison, elle me répondit avec assurance :

— Oh ! je ne crains rien, la sage-femme chez qui j'ai été est celle qui opère madame X.

« Qui opère », cela sentait l'abonnement.

Madame X faisait partie de l'un des clans dont il a été parlé plus haut ; et la sage-femme savait parfaitement que le nom de sa cliente la garantissait contre toute poursuite.

Cette impunité bien établie et bien connue est même une des causes de l'étonnante prospérité des « matrones de la mort ».

LES REMÈDES

Ils sont, tout comme les causes, multiples et d'ordre très différent.

En ce qui concerne l'avortement dont nous avons parlé en premier lieu, M. le Dr Drouineau nous en indique quelques-uns.

« Il est un fait certain qui se dégage de toutes les constatations, écrit-il, c'est que l'avortement provoqué a pour principal auteur la main complaisante et inhabile de la sagefemme. Bien qu'elles ne soient pas toutes en cause et qu'il y en ait de parfaitement honorables, instruites, dévouées, c'est de ce côté qu'il faut d'abord frapper. Les obligations qu'on pourrait leur imposer ne seraient une gêne et une entrave que pour celles qui oublient trop volontairement leurs devoirs professionnels et ont perdu tout sens moral. »

Il faudrait donc surveiller étroitement les maisons dites d' « accouchement » dont beaucoup sont, tout simplement, des cabinets d'avortement. Mais cette surveillance est assez difficile à établir puisque le domicile des sages-femmes, protégé par l'article 378, n'a pas été assimilé aux maisons garnies et, par conséquent, n'est assujetti à aucune inspection. Toutes les tentatives de l'autorité publique à cet égard, ont été infructueuses. Ce n'est qu'en se basant sur des principes d'hygiène et de salubrité publiques que l'on a obtenu un certain droit de contrôle, droit, d'ailleurs, très précaire et très limité. La Cour de Cassation a établi que l'inspection régulière des maisons d'accouchement nécessitait une loi spéciale.

Soit.

Mais, en principe, la sage-femme a seulement le droit de pratiquer des accouchements en ville. Ce n'est que par une longue suite d'abus, aujourd'hui tolérés, et même protégés, que son domicile est devenu une maison de santé où elle reçoit des pensionnaires.

De plus, il est interdit aux sages-femmes de se servir d'aucun instrument pour l'exercice de leur profession.

Alors, sans créer de nouvelle loi, on pourrait peut-être faire l'application de la loi ancienne.

Les consultations annoncées dans les journaux avec *promesse de discrétion*, ainsi que l'emploi d'instruments chirurgicaux, constituent une infraction au règlement, pourquoi ne pas poursuivre celles qui s'en rendent coupables ? Rien de plus facile puisqu'elles se dénoncent elles-mêmes en prenant soin d'indiquer leur adresse.

M. le Dr Drouineau demande, en outre, que l'on relève la profession de sage-femme en se montrant plus difficile dans le recrutement. On devrait, dit-il, exiger des postulantes une certaine culture et surtout une moralité éprouvée. Il faudrait encore limiter les écoles de sages-femmes aux villes de faculté, ce qui permettrait tout ensemble de mieux instruire les élèves et de les mieux surveiller. Enfin, pour l'obtention du diplôme, il serait bon de tenir compte, dans une très large mesure, de la conduite et du caractère de la candidate.

Il est certain, en effet, que plus le niveau intellectuel sera élevé, plus la conscience sera nette, moins la sage-femme sera accessible aux tentations de mal faire.

Ces réformes, très faciles à obtenir, outre qu'elles permettraient d'avoir un personnel plus capable, auraient encore l'avantage de restreindre la concurrence. La clientèle se trouvant ainsi plus nombreuse et meilleure, certaines praticiennes n'auraient plus pour excuse de leurs manœuvres criminelles « qu'il faut bien manger ».

A ces mesures si simples, on oppose quelques objections qui, au premier abord, semblent légitimes.

Si l'on empêche les sages-femmes de donner des consultations, un grand nombre de malades ne se feront plus soigner, soit qu'une extrême réserve les empêche de recourir à un homme, soit que leurs moyens ne leur permettent pas les visites d'un médecin.

A cela, il est facile de répondre : à celles qui obéissent à la pudeur, qu'il y a des doctoresses parfaitement qualifiées et autorisées pour leur donner des soins ; et aux autres que les cliniques, les dispensaires, les consultations gratuites sont à leur entière disposition.

Après les sages-femmes, viennent les herboristes qui, elles aussi, doivent être surveillées étroitement. On ne peut guère les empêcher de faire commerce de plantes abortives, mais leur action néfaste doit être strictement limitée à l'herboristerie. Leur brevet ne leur donne pas le droit de vendre ni de mettre à leur étalage des instruments qui n'ont rien à voir avec la botanique.

On pourrait aussi faire quelques perquisitions fructueuses dans les arrière-boutiques et entresols où se fait un commerce actif de toutes sortes d'ustensiles, sans compter les drogues dites *germicides* et même *microbicides* (!). Le trafic de ce bel attirail constitue, pour le moins, un exercice illégal de la médecine, délit qui est prévu par le code.

On pourrait encore poursuivre les feuilles de nature spéciale qui offrent au public la formule de potions abortives ainsi que le traitement qu'il convient de suivre « en cas d'accident » lisez « grossesse. »

Ces différentes mesures auraient pour résultat de déblayer sérieusement le terrain sans nécessiter aucune loi nouvelle.

Ensuite, M. le docteur Drouineau, avec beaucoup d'autres, demande que le crime d'avortement soit correctionnalisé, attendu que, dans ces sortes d'affaires, le jury se laisse trop facilement émouvoir.

Que l'on se contente donc de modifier l'état actuel en poursuivant *toutes* les coupables, mais *toutes* sans distinction d'aucune sorte.

Si le jury est, en général, trop faible en matière d'avortement c'est qu'on ne lui amène que de pauvres créatures sans défense dont il a pitié et dont, très souvent, il a raison d'avoir pitié. Bien entendu, je parle ici des avortées seulement; les « matrones de la mort » ne méritant *jamais* d'indulgence.

Le jour où il aura devant lui une belle madame, bourgeoise ou prostituée, qui tue l'enfant en germe parce que cet enfant est une entrave à la vie qu'elle entend mener, peut-être le jury se montrera-t-il plus sévère.

Venons-en maintenant au néomalthusianisme.

Il est impossible qu'il n'existe pas quelque article de loi, quelque ordonnance de police qui permette d'empêcher la vente et la distribution de ces brochures, tracts, feuilles de propagande qui, Dieu sait avec quel raffinement de vice ! prêchent la prophylaxie anticonceptionnelle.

Un jugement récent dont nous avons déjà parlé, déclare que « la loi pénale n'atteint que l'image ou l'écrit dans lequel on fait de l'obscénité pour l'obscénité. » (Tribunal civil de Lille, 6 juin 1907.)

Sans doute, certains néomalthusiens ont la prétention de faire de l'obscénité pour la philosophie et la philanthropie ; mais d'autres, en beaucoup plus grand nombre, font de l'obscénité rien que pour l'obscénité, à moins que ce ne soit pour le commerce, et il est impossible que la loi protège ce genre de trafic. Si l'on réglait le compte de ceux-là, ce serait toujours autant de fait.

Nous avons vu que la conférence est un des moyens les plus employés par le néomalthusianisme. Or, on ne peut faire de conférence sans autorisation. Pourquoi ne pas refuser impitoyablement cette autorisation à ceux qui traitent de la prophylaxie anticonceptionnelle? Pourquoi ne pas refuser, à tout jamais, le droit de faire des conférences à ceux ou celles qui, subrepticement, auraient introduit ce sujet dans la matière qu'ils avaient d'abord indiquée?

La liberté de la parole et de l'écriture est une bonne chose, mais à condition que cette liberté ne porte pas préjudice à l'intérêt général.

Voilà pour la propagande directe, mais ce n'est pas tout.

Si l'esprit public accepte volontiers ces théories malfaisantes, c'est qu'il y est préparé par une ambiance délétère.

L'immoralité s'offre à lui sous toutes ses formes. Elle l'aveugle et l'assourdit; il l'absorbe par tous ses pores.

Est-il donc impossible de purifier un peu la rue, les murailles, les vitrines de certains libraires où la licence jointe à une abominable laideur s'étale et triomphe?

De temps en temps, on condamne les éditeurs de publications obscènes, mais, huit jours plus tard, ces publications reparaissent sous un autre titre. Le coupable en est quitte avec une légère amende et un nouveau cliché. S'il était frappé durement à la bourse, il y regarderait à deux fois avant de recommencer.

Cela veut-il dire que nous soyons ennemis de l'art ainsi que l'affirment les intéressés, je veux dire les pornographes, professionnels ou amateurs? Non, certes. L'art et la pornographie sont deux choses très différentes et qui se rencontrent rarement ensemble. Que l'on fasse donc une exposition des œuvres : littérature, peinture, sculpture, etc., où l'art se trouve associé à la pornographie et l'on pourra juger de leur valeur en nombre et en beauté.

Ou bien encore sommes-nous délibérément contre le rire et la vieille gaîté française ? Pas davantage. Ce sont eux les dépravés qui sont ennemis de la joie saine et bienfaisante. Il n'y a qu'à les frôler pour se convaincre qu'ils sont les êtres les plus moroses et, par-dessus le marché, les plus assommants qui existent.

Nietzsche a dit : « La débauche n'est pas fille de la joie, mais de l'absence de joie. » En effet, plus notre génération s'enfonce dans le vice, plus elle se montre lugubre et désolée. La gaîté franche et véritable est l'apanage de la vertu.

Ces différents remèdes que nous indiquons sont bien loin de suffire ; mais employés avec énergie et persévérance ils amèneraient certainement un peu d'amélioration. Le mal ne serait peut-être pas détruit, mais on l'empêcherait ainsi de se manifester et de s'étendre, ce qui, tout de même, serait déjà quelque chose.

Quand un grand fléau menace le pays, il est du devoir de tous de combattre ce fléau, chacun selon ses moyens.

Nous avons vu que, soit directement, soit indirectement, les femmes ont pris une grande part au développement des idées modernes sur l'avortement et la prophylaxie anti-conceptionnelle. Eh bien, ce que des femmes mal inspirées ont fait, d'autres, mieux inspirées, devraient s'appliquer à le défaire.

Malheureusement les capacités nécessaires leur font défaut à celles-là. Les apôtres du néomalthusianisme ont pris la peine de s'instruire sur le sujet qu'ils traitent. Leurs connaissances sont inexactes et incomplètes, soit, mais elles suffisent pour impressionner les masses ignorantes.

Quant aux femmes qui se piquent de vertu, elles se croi-raient déshonorées si elles étudiaient, pour si peu que ce fût, l'anatomie et la physiologie des organes de la génération. De sorte qu'elles s'indignent bien des propos néomalthusiens, mais qu'elles sont incapables d'y répondre. Pourtant, beaucoup d'entre elles ont charge d'âmes. Elles dirigent ou président des syndicats d'ouvrières, des patronages d'apprenties, des sociétés d'assistance féminine de toute nature, et ces groupements sont plus particulièrement visés par le néomalthusianisme. Comment s'y prendront-elles pour combattre chez leurs pupilles et leurs clientes un mal dont elles connaissent tout au plus les résultats ? Pour celles qui se contentent d'être mères de famille, leur devoir n'est-il pas de former l'esprit de leurs enfants de manière à ce qu'ils ne soient pas accessibles à la mauvaise parole ?

Il faut donc que les honnêtes femmes, faisant taire des scrupules hors de propos, étudient sérieusement cette question capitale.

Les gynécologues, mieux placés que n'importe qui pour apprécier les effets désastreux des nouvelles doctrines, les instruiraient volontiers pour qu'elles puissent tenir tête à la mauvaise propagande, soit dans les sociétés d'ouvrières qu'elles patronnent, soit à leur propre foyer. En des conférences restreintes et prudemment organisées, ils leur montreraient les multiples et effroyables dangers que ces manœuvres criminelles font courir aux femmes qui y ont recours.

Car c'est sur la crainte du péril et de la souffrance qu'il faut surtout baser cet enseignement : la majorité y sera beaucoup plus sensible qu'aux intérêts de la morale. Il faut que les femmes de tout rang soient bien convaincues que la maternité use moins que les pratiques abortives et anticonceptionnelles ; et que, même en admettant que la conception soit un mal, ce mal vaut encore mieux que tous les remèdes qu'on lui oppose.

Mais la meilleure preuve que la maternité n'est pas nuisible, c'est que la femme n'atteint l'entier épanouissement de sa beauté qu'après le troisième enfant. C'est le professeur Pinard qui l'affirme.

Qu'on ne vienne pas nous dire que la pudeur s'oppose à ce genre d'éducation. La pudeur et la chasteté sont parfaitement compatibles avec la connaissance des choses de la nature. Les doctoresses en médecine et les gardes-malades dont un certain nombre appartiennent à la meilleure société sont-elles donc corrompues parce qu'elles savent ce que d'autres s'obstinent à ne pas apprendre ?

A ceux qui arguent de l'ignorance de nos mères, il est facile de répondre.

D'abord si nos mères étaient ignorantes et si nous-mêmes l'avons été, nos aïeules ne l'étaient pas. Les naissances étaient nombreuses autrefois, et les filles aînées aidaient leurs mères à élever les cadets. Elles n'étaient pas assez niaises pour croire que petits frères et petites sœurs arrivaient dans des choux. Les détails de la toilette, les soins à donner aux nourrissons et aux jeunes malades n'avaient point de mystères pour elles. L'éducation de la maternité se faisait alors progressivement sans trouble ni surprise ; et Dieu merci ! cela se passe encore ainsi dans les familles où l'on a conservé les saines traditions.

Ensuite, l'ignorance de nos mères et la nôtre propre a-t-elle donné de si fameux résultats ? Il est permis d'en douter devant l'état de la morale actuelle. Les « oies blanches » ont produit une génération où les vicieuses et les détraquées ne se comptent pas.

Quant au respect que l'on doit à la prétendue ignorance de la jeunesse, est-ce que les néomalthusiens l'observent, eux, dans leur propagande infâme ? Est-ce que les journaux les plus châtiés, ceux « que l'on peut mettre entre toutes les mains », ne contiennent pas, chaque jour, des histoires de viols, de satyres, d'homo-sexuels, sans compter les détails scabreux dont, aujourd'hui, s'accompagnent les crimes de toute nature ? Et, est-ce que ces différentes manifestations du vice, qui ronge notre société, ne sont pas cent fois plus dangereuses à connaître que le fonctionnement normal de l'organisme humain ?

Les honnêtes femmes ont un moyen beaucoup plus efficace d'affirmer leur vertu.

Nous avons vu que la débauche croissante prépare le terrain aux prédications néomalthusiennes. Or de tous les moyens que prend la débauche pour pénétrer les masses, la presse est l'un des plus répandus et des plus dangereux. Journaux, livres, théâtre, toutes les formes sont employées et, on peut le dire, bien employées.

Pourquoi les honnêtes femmes ne boycottent-elles pas la mauvaise presse en se servant de la manière la plus rapide et la plus sûre qui est l'abstention ?

Je suppose que *toutes* les femmes qui lisent des ouvrages licencieux ou vont voir des pièces immorales ne sont pas des dévergondées ; il y en aurait trop. Non. Les honnêtes femmes lisent le livre et assistent à la pièce parce que cela les amuse sans se soucier des conséquences, sans se dire que, par là, elles encouragent la littérature dépravée, donnent le mauvais exemple, et sont, pour une certaine part, responsables du mal qui s'accomplit. Ne seront-elles pas bien venues ensuite à s'indigner de l'état désolant des mœurs dans la famille et dans la société ?

Qu'elles changent d'attitude et elles affirmeront ainsi leur vertu beaucoup mieux que par une ignorance, toujours inutile, et qui, dans certains cas, peut être dangereuse.

Mais il n'y a pas que la débauche à combattre, il y a encore le féminisme mal compris, celui qui tend à la déformation de la personnalité féminine.

A ceux qui prêchent : « La femme est une valeur sociale dont il convient de tirer le meilleur parti possible », il faut répondre : « Le meilleur parti que l'on puisse tirer de la femme, en tant que valeur sociale, c'est de la laisser à sa place, c'est-à-dire au foyer. »

Il faut donc chercher à réveiller et à entretenir chez la jeune fille, le sentiment de la maternité qui va s'éteignant dans notre race. Et pour cela, il n'y a pas de meilleur moyen que la pratique.

Voici des années que l'on demande aux autorités compétentes d'organiser, pour les écoles normales et les écoles primaires supérieures de filles, l'enseignement de l'hygiène infantile avec stage aux crèches et aux consultations de nourrissons.

Ces requêtes ont eu un commencement de satisfaction par l'établissement de cours de puériculture. Mais ces cours, purement théoriques, sont insuffisants.

Autre chose, en effet, est de baigner, d'emmailloter une poupée qui ne bouge pas, et un marmot qui remue, gigote et crie dès qu'on le pique ou qu'on le tient mal. Autre chose, surtout, est un paquet de chiffons insensible et muet et un poupon qui rit, pleure, jase, donne de la tablature à celle qui le soigne et qui, par cela même, s'attache à lui. C'est avec l'enfant seulement que la femme apprend le geste qui protège, les mots qui apaisent et consolent.

Le gouvernement semble l'avoir enfin compris, puisque, dans une circulaire de 1907, envoyée aux préfets par le président du Conseil, on trouve ce passage :

« Pour atténuer les rudes coups que porte à la puissance du pays la diminution progressive de la natalité, les pouvoirs publics doivent redoubler d'efforts dans la lutte entreprise contre la mortalité infantile...

« Partout où des consultations de nourrissons auront pu être organisées, vous voudrez bien vous concerter avec M. l'Inspecteur d'Académie pour intéresser à ces œuvres mesdames les institutrices, pour les inviter à y accompagner leurs grandes élèves qui, déjà, au foyer familial, sont si souvent chargées de la garde de leurs frères et sœurs plus jeunes. Les consultations de nourrissons seront ainsi pour elles de véritables « Ecoles de mères », où elles recevront sans effort l'enseignement le plus pratique et le plus sûr. »

C'est au mieux. A tenir dans leurs bras, à dodeliner les

nourrissons, beaucoup, parmi nos jeunes intellectuelles, retrouveraient le sentiment qui dort au fond de tous les cœurs de femme, et elles ne repousseraient plus la maternité comme « une besogne de serve. »

Si nous combattons de tout notre pouvoir le féminisme outrancier, déraisonnable, qui tend à éloigner la femme du logis, nous sommes tout au contraire pour les réformes qui assurent à l'épouse indépendance et dignité.

Si nous protestons hautement que la place de la femme est au foyer, c'est à condition qu'elle y occupera le rang auquel elle a droit. Le jour où le mariage ne fera plus d'elle une mineure et, en maintes circonstances, une esclave, peut-être le nombre des insurgées sera-t-il moins grand.

En refusant aux modérées certaines satisfactions légitimes qu'elles réclament, on autorise jusqu'à un certain point les revendications violentes des autres. Et cet état de révolte qui tend de plus en plus à se généraliser a les pires conséquences pour la famille et pour la société.

Tout ce qui aidera au relèvement de la personnalité féminine, tout ce qui concourra à laisser, voire même à *imposer*, à la femme l'entière responsabilité de ses actes, apportera du même coup, une amélioration sérieuse dans la moralité publique.

Si la femme était mieux instruite, si elle avait pleine conscience de ses devoirs sociaux — devoirs dont l'accomplissement assure son propre bonheur — elle se marierait autrement qu'elle le fait trop souvent à l'heure actuelle. Elle rechercherait dans l'homme qu'elle choisit ou accepte, des qualités physiques, intellectuelles et morales qui promettent une belle lignée. N'ayant point, dès lors, l'appréhension de mettre au monde de pauvres êtres rachitiques, difformes, mal équilibrés, les doctrines néomalthusiennes auraient moins de prise sur elle.

Je note en passant, au nombre des remèdes contre la dépopulation, la réforme des lois successorales qui pèsent si lourdement sur les familles nombreuses, et le rétablissement, pour le père, du droit de tester que nombre d'économistes signalent comme des plus importants, mais je ne m'y arrête pas. Ils méritent une étude approfondie pour laquelle j'avoue mon incompétence.

La recherche de la paternité doit aussi être mentionnée, car en prêchant la prophylaxie anticonceptionnelle, beaucoup d'hommes sont orfèvres. Pas d'enfant, pas de responsabilités, réduction notable des risques de vengeance de la part des abandonnées, c'est-à-dire tout profit pour les égoïstes et les lâches.

Mais tous ces moyens, et beaucoup d'autres que l'on pourrait recommander sont des moyens à *côté*. Il y en a d'autres plus efficaces, plus faciles, et dont l'exécution pourrait être immédiate.

Dans son discours à l'Assemblée générale de la Ligue contre la mortalité infantile, M. Maujan, sous-secrétaire d'Etat, qui, en quelque sorte, représentait le gouvernement, a prononcé ces paroles :

« La diminution du nombre de naissances tient à des causes profondes, malaisément discernables et sur lesquelles avouons-le, nous avons peu de prise.

« J'estime que, de ce côté, nous aurons accompli toute notre tâche quand, après avoir ouvert une enquête sur la dangereuse propagande malthusienne qui s'étale avec cynisme, nous aurons stimulé la justice contre toute cette bande innommable d'avorteuses dont les faits récents ont signalé dans le département du Nord, les criminels exploits ».

Eh bien, un grand nombre, parmi les gens qui réfléchissent, estiment, eux, que tant que le gouvernement n'aura pas assuré la vie des enfants que leurs parents ne peuvent nourrir faute de ressources, il n'a pas le droit de s'indigner ni de poursuivre.

L'abandon dans lequel sont laissées les familles nombreuses qui, malgré leur travail et leur bonne volonté, ne peuvent arriver à vivre est une des choses les plus honteuses qui soient.

Que la femme reste au logis à soigner les marmots comme, en principe, elle devrait toujours le faire, le gain du mari est insuffisant et tout le monde souffre de faim...

Qu'elle travaille pour augmenter, de si peu que ce soit, le salaire familial, les enfants sont à l'abandon, courent les rues où ils sont exposés aux dangers de toute nature...

La situation atteint son maximum de désolation quand il s'agit de veuves chargées de famille « la misère la plus intéressante qui existe », déclare M. Bertillon avec justice. La « femme au foyer », c'est bientôt dit, mais que veut-on qu'elle y fasse la malheureuse, si l'âtre est sans feu et la huche sans pain ?

Ce sont ces pauvres gens que l'on encourage à la procréation pour que la France ne périsse pas ! Avec cela que les enfants qu'ils mettent au monde peuvent être d'un grand secours ! Graine de tuberculeux, graine d'alcooliques, graine d'apaches, ceux qui détruisent cette mauvaise graine avant qu'elle ait eu le temps de germer n'ont-ils pas une apparence de raison ?

La femme est tenue d'accomplir sans restriction ses devoirs d'épouse et de mère, soit. Mais il faut que ceux qui détiennent les fonds publics lui en assurent les moyens. Cela coûtera cher, objectera-t-on. Sans doute. Mais s'il y a un article du budget sur lequel on ne doive pas lésiner, c'est bien celui-là.

Si la France est assez riche pour payer sa gloire, à plus forte raison, doit-elle être *assez riche pour protéger et nourrir ses enfants.*

Mais ce ne serait peut-être pas si cher que cela. Il s'agit beaucoup moins, en effet, de la création de nouvelles ressources que d'un meilleur emploi des ressources déjà existantes.

Les secours de l'Assistance publique pourraient être distribués d'une manière plus impartiale et surtout plus judicieuse. La répartition actuelle engloutit des sommes considérables et rend très peu de services.

En ce qui concerne les familles nombreuses, ces secours devraient tout d'abord porter sur le logement. La question du logement est à la base de tous les problèmes sociaux actuels : assistance, hygiène et moralité publiques.

On n'imagine pas, si l'on n'y a pénétré, l'horreur des taudis où gîtent pêle-mêle des smalahs entières; parents et enfants, garçons et filles. Encore heureux parfois qu'on les tolère dans une maison quelconque, car les faits divers sont là pour nous apprendre que nombre d'entre eux sont obligés de se réfugier, la nuit venue, sous les ponts, dans les maisons en construction ou dans des carrières à plâtre. Aux portes de Paris, dans Paris même on peut voir de vraies colonies n'ayant d'autre abri que des cabanes disjointes, des roulottes démolies ou de vieux wagons démontés.

Or, l'Assistance publique est propriétaire d'immeubles qu'elle loue d'une façon bizarre, quelquefois trop cher, d'autres fois, pas assez. Parmi ces immeubles, certains pourraient être disposés en logements ouvriers, pourquoi ne pas le faire dès maintenant, et réserver ces logements aux familles chargées d'enfants ?

L'Assistance publique possède en outre des terrains dont la plupart sont improductifs. De temps en temps, il est vrai, elle fait bâtir ; pourquoi, chaque fois que le quartier le permet, ne pas aménager ces constructions de façon à y loger les familles nombreuses qui y trouveraient de la place, de l'air et du soleil, c'est-à-dire de la santé ?

Ces logements cédés à très bon compte ou même gratuitement suivant les cas, constitueràient une aide cent fois préférable au secours aléatoire et chétif réservé à quelques rares privilégiés.

Le terme à payer est le gros souci des pauvres gens, la pierre au cou qui parfois les fait couler au fond.

Une porteuse de pain, veuve, mère de cinq enfants, me disait :

— Je gagne assez bien ma vie et je ne me plaindrais pas si j'avais d'assuré le loyer et la chaussure des gosses.

C'est cela qu'ils réclament tous, avant tout : la sécurité de l'abri. Et il est bien facile de leur donner satisfaction. Sans compter que la salubrité générale trouverait son compte à cette mesure d'assistance.

Mais il ne suffit pas que la maternité pauvre soit aidée, il faut qu'elle soit respectée.

Or, il est impossible de se faire une idée de la façon grossière, brutale, méprisante dont sont reçues les mères qui se présentent aux bureaux publics d'assistance.

Voici ce que j'ai pu observer maintes fois dans une mairie où j'ai affaire de temps en temps. Il s'agit d'un arrondissement pauvre où les mères assistées sont nombreuses. Tous les premiers du mois, elles doivent venir avec leur enfant chercher un certificat de vie.

Dans une longue galerie d'entresol prise à mi-hauteur sur le hall d'entrée — galerie qui ne tire air et lumière que par les deux extrémités, glaciale l'hiver et suffocante l'été, les femmes, leur nourrisson dans les bras, attendent très longtemps.

Parmi ces femmes, il y a des accouchées récentes, d'autres ont des enfants malades ou sont malades elles-mêmes, toutes sont faibles et lasses ; elles doivent pourtant rester debout puisque la galerie n'a pas de sièges. Dix par dix, on les appelle dans une antichambre encore plus sombre que la galerie, et sans air du tout. Là, debout toujours et serrées comme des harengs, elles font une nouvelle station.

Enfin, elles pénètrent dans le bureau, les sortantes bousculent les entrantes, non par malice mais par faute de place. Alors un scribe daigne s'occuper d'elles, mais avec quel air !... et sur quel ton !...

Les pauvres créatures à qui ces commis ont affaire sont des vaincues de la vie, ils le savent et ils en abusent lâchement. On croirait à les entendre que les assistées sont coupables des pires méfaits.

Une fois, j'ai entendu une femme faire cette réflexion très juste :

— Si c'est un crime de faire des gosses, faut le dire, on ne recommencera plus.

Chez les anciens Hébreux, la stérilité était regardée comme un opprobre. A Athènes, le logis d'une femme enceinte était un asile inviolable. A Sparte, les hommes étaient tenus de se découvrir devant une mère allaitant son nourrisson. A Rome, on ornait de guirlandes fleuries la maison d'une femme qui enfantait. Est-ce que vraiment les patriarches, les philosophes et les guerriers antiques qui tenaient la maternité en si haut respect, ne valaient pas bien nos ronds-de-cuir ?

Les préposés à la bienfaisance publique oublient trop facilement que, du plus petit, au plus grand, ils sont au service des pauvres et qu'ils leur doivent les mêmes égards que le commerçant prodigue à la clientèle dont il vit. Il est bon de le leur rappeler souvent et rudement.

A côté de l'assistance proprement dite, il y a bon nombre d'œuvres sociales qui tendent à resserrer, relever, améliorer la famille nécessiteuse : habitations à bon marché, jardins ouvriers, mutualités maternelles, crèches, garderies d'enfants, etc. Les pouvoirs publics devraient les encourager et les soutenir dans la plus large mesure sans s'inquiéter de leur couleur politique ou religieuse, car ces œuvres rendent des services signalés à la population.

Je me souviens que la femme d'un garçon de bureau, mère de neuf enfants, me disait :

— Ce qui nous sauve, c'est le jardin ; on y récolte des pommes de terre, des haricots, des choux ; et s'il n'y a pas toujours de beurre dans la soupe, y a de la soupe au moins. Et puis, pendant que je jardine, les petits jouent autour de moi et cela vaut mieux que la rue.

Ce que nous réclamons pour les familles nombreuses, ce n'est pas la pitié, c'est la justice ; l'aide qu'on leur apporte ne doit en aucun cas être considérée comme une aumône mais comme une indemnité.

M. Jacques Bertillon qui traite le problème de la dépopulation avec autant de savoir que de sens pratique, écrit ceci :

« Elever des enfants, c'est s'imposer un sacrifice, très doux assurément, mais très onéreux au profit de la nation tout entière. Les familles qui donnent plus de trois enfants au pays lui font, à grands frais, le plus nécessaire et le plus précieux des dons. Elles ont donc une *créance* sur la nation, et cette créance n'est *jamais payée*, loin de là. Les impôts directs et indirects, l'impôt du sang sont beaucoup plus lourds pour les familles nombreuses ; et, en outre les lois successorales sont faites de manière à les ruiner. Au lieu de payer la dette qu'on leur doit, on l'aggrave. Et, pourtant, que d'occasions on a de s'en acquitter ! »

Certes oui ! et ces moyens sont tout ce qu'il y a de plus simple et de plus facile. Certains y ont eu recours.

Du temps que M. Poubelle était Préfet de la Seine, il accordait, de préférence, les places dont il était dispensateur aux candidats qui avaient beaucoup d'enfants. Et, parmi ses employés, les pères de familles nombreuses obtenaient, à mérite égal, un avancement plus rapide.

Ne pourrait-on faire de même dans toutes les administrations ? Au lieu d'obéir aux recommandations plus ou moins méritées, on ferait mieux de tenir compte du livret de famille. En même temps qu'un acte de justice, on ferait sans doute une bonne affaire. Les pères de nombreux enfants ont plus d'intérêt que les célibataires au maintien de l'ordre public ; il y a donc des chances pour qu'ils s'acquittent de leur tâche avec plus de conscience et de zèle.

Certaines administrations, des Compagnies de chemins de fer, entre autres, marchent déjà dans cette voie, mais trop timidement encore. Une allocation de fin d'année ne suffit pas pour que le père de famille subvienne *avec honneur* aux charges très nobles, mais très lourdes qui lui incombent.

M. Bertillon voudrait que la naissance de chaque enfant amenât une augmentation progressive des appointements ; soit, pour un traitement de 2.400 francs, 50 francs au premier enfant, 100 francs au deuxième, 150 francs au troisième et ainsi de suite ; ce qui donnerait, avec quatre enfants une augmentation de 500 francs, et, avec huit enfants, une augmentation de 1.800 francs. Des appointements de 4.200 francs, c'est-à-dire 350 francs par mois au lieu de 200 francs cela commence à être sérieux. Si cette mesure de simple justice était admise et généralisée, bon nombre d'employés cesseraient de regarder comme une catastrophe, la venue d'un nouvel enfant.

En dehors de toute préoccupation administrative, est-ce que l'on ne devrait pas exonérer, partiellement ou complètement de l'impôt, les familles qui élèvent un certain nombre d'enfants ? Est-ce que, par le fait seul de la vie courante, ces familles n'arrivent pas toujours à payer plus que leur part ?

Les esprits superficiels peuvent railler M. Piot ; c'est pour lui un titre de gloire que d'avoir su attirer l'attention du public sur ce redoutable problème de la dépopulation et d'avoir indiqué certains remèdes pouvant être employés immédiatement.

Mais, objectera-t-on, ces faveurs accordées aux familles nombreuses seront un lourd fardeau pour notre budget si obéré déjà.

Hélas ! non, le fardeau ne sera pas si lourd qu'on le croit. Les familles nombreuses deviennent si rares en France qu'on peut s'engager dans ce sens, et ne pas craindre la faillite.

Et puis, là encore, il n'y aurait qu'un déplacement de fonds. On favoriserait les pères de famille au lieu de favoriser les gens bien recommandés ou bien apparentés. Cela ne coûterait pas plus cher et ce serait plus équitable.

« Vous voulez des enfants pour que la France ne périsse point, écrit M. Bertillon, reconnaissez donc aux familles qui vous les donnent ce que vous leur devez. Assurez-leur respect et surtout protection. Et que cette protection soit très large et très généreuse, sinon les familles traiteront le pays comme le boulanger traite les mauvais payeurs. Vous voulez du pain, payez-le.

Lors du dernier congrès de l'Économie sociale sur la « Population », M. Louis March, membre de la Commission de la Natalité française, a raconté ceci :

Au cours d'un voyage officiel, il se trouvait avec un diplomate scandinave auquel il parlait du danger que fait courir à notre pays la dépopulation toujours croissante ; son interlocuteur lui demanda quel moyen l'on employait pour combattre et enrayer le fléau, et M. March fut obligé de répondre :

— Aucun.

Alors le diplomate repartit :

— Nous n'avons, Dieu merci ! rien de semblable à craindre chez nous ; mais si cela se produisait jamais, voici, je pense, le premier remède que nous tenterions, celui, du moins que je conseillerais : du haut en bas de l'échelle sociale, à la cour, dans l'armée, la magistrature, les administrations de l'État, etc., octroyer aux chefs de familles nombreuses, les avantages les plus étendus, et même les plus grands honneurs. Ce serait certainement d'un exemple efficace. En tout cas, ce serait un acte de justice et la justice n'a jamais que je sache, nui à aucune cause.

Et maintenant, pour ceux qui sont d'avis que l'État doit intervenir en tout, et qu'aucune réforme ne saurait aboutir sans être sanctionnée par une loi, voici les conclusions votées par la Ligue contre la Mortalité infantile, après une discussion ayant duré plusieurs séances et à laquelle ont pris part un certain nombre de gynécologues parmi les plus distingués.

« La Ligue contre la Mortalité infantile,

« Considérant que les avortements sont de plus en plus fréquents, dangereux pour les femmes et de nature à accroître la dépopulation ;

« Considérant que pour lutter contre cet état de mœurs qui conduit la France à la décadence, il faut rechercher d'une part, les causes qui déterminent tant de femmes à se faire avorter, d'autre part, les moyens employés par ces femmes pour arriver à leur but ;

« Considérant que, parmi ces causes, les unes s'adressent à la moralité publique et sont aggravées par la publicité et l'active propagande de la Ligue néomalthusienne, les autres relèvent des lois existantes parmi lesquelles il faut citer celle qui impose obligatoirement au père de famille le partage égal de ses biens entre tous ses enfants et le prive du droit de tester ;

« Considérant, en ce qui concerne les moyens employés pour provoquer les avortements, qu'ils sont le plus générale-ment dus à l'intervention des sages-femmes ou des matrones, les unes et les autres se livrant à des pratiques illégales qu'il faudrait rigoureusement poursuivre ;

« Considérant que, pour mener à bien cette œuvre complexe et difficile de moralisation publique et de rigoureuse et efficace répression, il faut solliciter un ensemble de mesures législatives ou administratives dont les unes peuvent être considérées comme essentielles, les autres comme subsidiaires et que, par suite, il convient, en vue d'une action efficace et prochaine, de recourir tout d'abord à celles de ces mesures qui semblent les plus urgentes.

« Émet les vœux suivants :

« Il y a lieu de :

« 1° Solliciter la réforme du Code pénal en ce qui concerne l'avortement provoqué et lui appliquer *le système de la correctionnalisation;*

« 2° Solliciter du ministre de la Justice une circulaire rappelant aux sages-femmes que la loi de 1892 qui les concerne ne les autorise qu'à la pratique des accouchements, et qu'il leur est interdit de se livrer à ce que l'on désigne généralement sous le nom de pratique des maladies des femmes ;

« 3° Solliciter du même ministère une circulaire invitant les parquets à exercer des poursuites judiciaires contre toutes les sages-femmes ou même les personnes se livrant notoirement et illégalement à la pratique des maladies des femmes en le faisant connaître par voie d'affiches, d'enseignes, d'annonces ou autrement ;

« 4° Établir une surveillance dans les maisons d'accouchement ;

« 5° Appeler l'attention des pouvoirs publics sur les funestes effets de la propagande faite par brochures, conférences, etc., en vue de prévenir la grossesse et d'en arrêter le développement normal. »

FIN

E. GREVIN — IMPRIMERIE DE LAGNY

www.ingramcontent.com/pod-product-compliance
Lightning Source LLC
LaVergne TN
LVHW020212030726
842520LV00003B/1016